京都うつわさんぽ

沢田眉香子

光村推古書院

昂—KYOTO—
(p.46)

はじめに

うつわの都、京都へようこそ

2010年に出版された『京都うつわさんぽ』。たくさんある京都ガイド本の中でも、うつわのお店だけを案内する、ちょっと地味な内容ながら、おかげさまでご好評をいただき、第2弾を書かせていただくことになりました。

この5年の間に、うつわのお店も増え、作家も増え、そして、うつわを楽しむ人が増えていることは、大きな喜びです。

また、台湾で翻訳版『京都器皿散歩』(如何出版社)も出版され、台湾・中国の読者にも、「うつわの都・京都」の楽しさをお伝えできたのは、この上なく幸福なことです。

うつわは遠くシルクロード、中国、朝鮮半島から日本にもたらされ、世界中のものが集まる都・京都で、日本の文化として花開きました。これからも京都から、食とうつわの楽しみが、もっと広がってゆきますように。この本で、その小さなお手伝いができたら幸いです。

沢田眉香子

目次

002 はじめに

006 **1章 京都のうつわ セレクトショップへ**

008 注目の京都・若手作家

| 京都生まれのうつわ
014 若王子倶楽部 左右
016 六々堂
018 うつわや あ花音
020 Sophora
021 ギャラリーにしかわ
022 ギャラリー器館
024 HOTOKI

026 column 1
「うつわ阿閑堂」中嶋清次さんに聞く
京焼 五つの魅力

028 column 2
京焼のふるさとを歩く
「五条坂＆茶わん坂マップ」

| 木工・ガラス・金工のうつわ
030 象彦
031 清課堂 ／ グラススタジオ
032 公長齋小菅
033 銀意匠（木曽アルテック 京都）
034 PONTE
035 篁 ／ なちや

| 全国のうつわをセレクト
036 うつわ京都やまほん
038 Second Spice
040 ギャラリーYDS
042 ギャラリーひたむき
043 草星

| 酒器の専門店
044 酒の器 Toyoda
045 酒器 今宵堂

046 column 3
「昂-KYOTO-」永松仁美さんに教わる
うつわの愛し方

048 スフェラ・ショップ
049 &noma

050 **2章 使って楽しい 古いうつわたち**

052 Gallery Nisui 而水
054 道具屋 広岡
056 尾杉商店
057 ますなが
058 アンティークベル
060 二十日

061 **column 4**
こっとう市でうつわハンティング
062 **column 5**
初めてさんも安心。こっとう基礎Q&A

076 **4章 うつわもおいしい カフェと料理店**

078 仁和加
080 まつは
082 メメント モリ
084 ZEN CAFE

086 うつわの美術館&ギャラリー
091 もっと知りたい! うつわのことば

うつわ基礎知識
094 知るほどに楽しい! うつわの基礎入門
096 表情豊かな、うつわのデザインを知る
098 やきもの以外のうつわの世界
100 よき使い手になるための、
うつわの扱い方
102 京都うつわさんぽエリア別マップ
110 索引

064 **3章 民藝と生活雑貨の店**

066 ロク
068 Kit
070 ちせ
072 テノナル工藝百職
073 グランピエ丁子屋
074 木と根
075 トリバザール

＊本書に掲載されている商品価格やデータは、2015年9月現在のものであり、変更の可能性があります。また、掲載商品は売り切れとなる可能性があります。
＊特に記載のない場合、商品価格は消費税を除いた「本体価格」となります。
＊本文内に出てくる陶磁器のデザインや技法、製法については、p.91〜101などで詳しい解説を載せています。用語の後ろの（　）内に掲載ページが記載されています。　例：掻き落とし（→p.97）

〈各店舗のデータ欄について〉
定休日は、お盆と正月休みの記載を省略しています。事前に店舗にお問い合わせください。
作 取扱い作家の一例を記載。陶磁器作家は氏名の後に都道府県名を表記し、他ジャンルの作家は氏名の後にジャンルと都道府県名を表記しています。　例：藤平寧（京都）、河野甲（革工芸・京都）
展 展覧会の開催頻度や内容を記載しています。

1章

京都のうつわ
セレクトショップへ

昔も今も、うつわのニューモードは、いつも京都から。研ぎすまされた技、楽しさ・美しさをうつわに描く作り手たち。それを伝える目利きのお店が、この街にはあります。

注目の京都・若手作家 1

男性作家の酒器、とりどり

加藤幸治 KATO Koji

中村譲司 NAKAMURA George

村田匠也 MURATA Takuya

京焼らしいクラシカルで端正な造りと、ほころびるようなやわらかな絵付が、今の気分。手になじみ、長く愛せるうつわ。花網紋猪口。3,800円。
作家取扱い…◎Second Spice (p.38)、Gallery Nisui 而水 (p.52)

小さな酒器に凝縮する技。キレのあるロクロ技と釉薬のやさしいテクスチャーが調和する胡桃彩酒盃。4,000円。
作家取扱い…◎Second Spice (p.38)、うつわや あ花音 (p.18)、ギャラリーにしかわ (p.21)、酒の器 Toyoda (p.44)

光をはらんだような明るいブルーは、青磁のクールさに新しい魅力を吹き込む。青に不規則な輝きの銀彩を添えた青白磁銀象嵌盃。9,000円。
作家取扱い…六々堂 (p.16)、うつわや あ花音 (p.18)、昂-KYOTO- (p.46)

〈作家取扱い店について〉　◎印：p.8〜13で紹介する作品を扱う店　無印：紹介作家を扱う店

1章 ｜ 京都のうつわセレクトショップへ

山本哲也 YAMAMOTO Tetsuya

清水志郎 SHIMIZU Shiro

やきもののルーツに挑むように、土に取り組む作家。薪窯（→p.91）で焼かれた土味の深い盃は、ひとつとして同じ姿がなく、手になじむ。5,000円。
作家取扱い…◎五条坂清水（p.28）、ギャラリーにしかわ（p.21）、ギャラリーYDS（p.40）

シャープな造形と使いやすさで料理店でも人気。モノトーンに個性が冴える。銀と黒のsabi-銀彩空盃。8,000円。
作家取扱い…六々堂（p.16）、うつわや あ花音（p.18）、ギャラリーにしかわ（p.21）、Second Spice（p.38）、酒の器 Toyoda（p.44）

木下和美 KINOSHITA Kazumi

彫刻のような、アクセサリーのような造形美が楽しめる上、使いやすい。モノトーンの中にも温もりを感じる輪花豆皿。黒1,600円、白1,400円、銀1,500円。
作家取扱い…六々堂(p.16)、ギャラリーひたむき(p.42)

片山亜紀 KATAYAMA Aki

板状の土に顔料を塗って重ね、塊にして焼いてから、それを削り出して作る。積層剔抜手(せきそうくりぬきで)雲小皿。6,000円。
作家取扱い…ギャラリー器館(p.22)、Second Spice(p.38)

出口ふゆひ DEGUCHI Fuyuhi

艶のある純白の白磁に踊る不思議な染付は、使う人の想像力をかきたてる独自の世界観。箸置きにしても。染付豆皿1,000円〜。
作家取扱い…◎Second Spice(p.38)、うつわや あ花音(p.18)、ギャラリーにしかわ(p.21)

1章｜京都のうつわセレクトショップへ

注目の京都・若手作家2

女性作家の小皿たち

矢島 操
YAJIMA Misao

掻き落とし（→p.97）や色絵で展開される、絵本の1ページのように乙女な世界。黒花イロエ彩小皿2,700円、イロエ角皿2,500円。
作家取扱い…六々堂(p.16)、うつわやあ花音(p.18)、Second Spice(p.38)

SIONE
シオネ
KAWAHARA Shoko
（デザイナー 河原尚子）

陶板画作家が、佐賀・有田と京の職人をつなぐブランドを展開。「読む器」をコンセプトに白磁に金彩でさまざまな物語を紡ぎ出す。HANA（掌）4,000円。
作品取扱い…SIONE(MAP9 p.106
※2016年に移転予定) www.sione.jp

011

注目の京都・若手作家 3

木工・ガラス・金工の挑戦

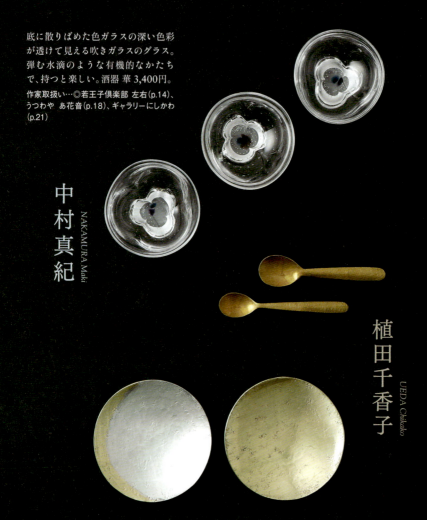

底に散りばめた色ガラスの深い色彩が透けて見える吹きガラスのグラス。弾む水滴のような有機的なかたちで、持つと楽しい。酒器 華 3,400円。
作家取扱い…◎若王子倶楽部 左右(p.14)、うつわや あ花音(p.18)、ギャラリーにしかわ(p.21)

中村真紀 NAKAMURA Maki

植田千香子 UEDA Chikako

一枚の金属の板から叩き出して形作る鍛金。鎚跡(つちあと)と経年変化で生まれていく風合いや温もりを楽しめる。真鍮のお皿"月影"各4,000円。真鍮さじ 各2,500円。
作家取扱い…◎若王子倶楽部 左右(p.14)

佃 眞吾 TSUKUDA Shingo

民藝の美しさを受け継ぎながら、モダンな食卓に合ううつわを作る作家。鑿で描いた縞と栗の木味が面白い木器。16,000円。
作家取扱い…◎Kit(p.68)、六々堂(p.16)、うつわや あ花音(p.18)、うつわ京都やまほん(p.36)、ギャラリーYDS(p.40)、昴-KYOTO-(p.46)、& noma(p.49)

新宮州三 SHINGU Shuzo

拭漆(→p.98)の下にダイナミックな木目。木と漆の自然な力と美しさが存在感に。木の塊から刳り出して作る刳りものの隅丸盆。(小) 20,000円。
作家取扱い…うつわや あ花音(p.18)、うつわ京都やまほん(p.36)

小倉智恵美 OGURA Chiemi

一本の竹を割り、編む。たった一人の手作業で描かれる刺繍のように繊細な技は、まさに職人芸。銘々皿11,000円、茶托10,500円。
作家取扱い…◎京竹籠 花こころ
http://kyotakekago-hanakokoro.tumblr.com/

京都生まれのうつわ

若王子倶楽部 左右 ［にゃくおうじくらぶ さゆう／岡崎］

哲学の道、元・蔵だった空間で、京都のものづくりにふれる

もとは明治の文人画家が建てた蔵だった、趣のある空間で、京都を中心とした作家ものを手に取れるショップです。品揃えのコンセプトは、骨董と呼ばれるまで末永く使われるうつわ――「今骨董」。日本の豊かでゆとりのある生活の中心にあったうつわ。それを見つめ直すことで、古き良き価値観を取り戻したいという思いが、そこにはあります。京焼の重鎮、三代・澤村陶哉をはじめ、京都の伝統を受け継ぐ作家が多くセレクトされ、女性作家のかわいいうつわも、しっかりした技が感じられるものばかり。

MAP 20 （p.109）
京都市左京区若王子町15
☎075-708-2086
10:00～18:00 水曜休（※冬期は～17:00）
www.sayuu.jp

作 藤平寧（京都）中埜暢人・朗子（木工・京都）河野甲（革工芸・京都）

展 年に3～4回個展のほか、イベントも開催

手前：植田千香子の茶托（5客50,000円）に、林紅村の繊細な白磁の茶盃（3,000円）を。

1 東山を借景にした、自然あふれる裏庭。南禅寺にも哲学の道にも近く、観光の途中に立ち寄りたい。 2 採光のいい明るい店内。リビングルームにいる気分で品定めができる。 3 中村真紀(京都)の吹きガラスの皿は、水たまりのようなブルーが美しい。大皿 朧月(青金縁)25,000円。

京都の女性作家のうつわたち
その美しき個性と技

京織部と豆皿／廣田亜紗子(京都)
桃山陶の豪快さが持ち味の織部(→p.95)も、京都では端正な仕上げに(3,500円)。瓢形(ひさごがた)の豆皿はキレイに重なる造りの確かさに注目。大2,600円、小2,100円。

碗／藤平三穂(京都)
釉薬、造形の有機的なやさしさが魅力の藤平三穂の碗5,000円。黒い外側と明るい内側のコントラストが美しい。

小皿／渡部味和子(京都)
仏様への捧げもの、散華をかたどった小皿。金彩を添えた細かな赤絵は荘厳美術のように繊細。各5,000円。

猪飼祐一の灰釉の壺と村田匠也の青磁皿、梅瓶(めいぴん→p.92)。

六々堂　[ろくろくどう／御所南]

スタイリッシュな京焼に出会える、高感度なうつわブティック

うつわで生活を彩りたい人から、アートとして楽しみたい人にまでおすすめできるショップです。京都の作家を中心に、深見陶治、鎌田幸二などの大御所から、気鋭の若手作家・村田匠也まで、高い美意識で選ばれた作家のうつわは、すべて美と用というクオリティを兼ねそなえています。茶道具から豆皿まで、すべてショップが作家に特別にオーダーした品ばかりなので、ここにしかない一品が手に入る喜びも。緊張感のある美しいプレゼンテーションから、うつわとの新しい出会いが期待できます。

| 章　　京都のうつわセレクトショップへ

1　古窯のような味わいの猪飼祐一(京都)の壺(上)とクールな木下和美(京都)の白磁(下)の小さな梅瓶とが仲良く並ぶディスプレイ。使うだけでなく、飾るうつわも数多く揃う。2　鋳込み(→p.91)による繊細で造形的な作品で知られる若杉聖子(兵庫)のオブジェ。
3　まるで古代ガラスのような風合いにひきつけられる、能登朝奈(福島)のパート・ド・ヴェール(→p.99)の小壺。右18,000円。

釉薬で、風合いで描く
京都の男性作家のうつわ

片口／鎌田幸二(京都)
銀河のようにきらめく、曜変天目(→p.91)
の釉調を独自に再現し、盃や日用のうつわに。曜変油滴片口。※価格は問い合わせ

角皿・丸皿／山本哲也(滋賀)
銀彩、黒、白磁とエッジの効いたデザインのうつわを得意とする、京都で修業した作家。
右上4,500円、右下4,000円、左6,500円。

MAP 1　(p.103)
京都市中京区堺町通竹屋町上ル橘町92 シンフォニー御所堺町御門前B1F※
☎075-212-0166
11:00〜18:00　火曜、第1・3日曜休
www.rokuroku.net

㊜川瀬満之(京都)古川剛(京都)佃眞吾(木工・京都)
㊐作家紹介の展覧会を随時開催
※2016年夏から中京区布袋屋町530に移転

017

うつわや あ花音 ［うつわや あかね／岡崎］

個性豊かで、確かな造りの
「かわいい」に出会えるショップ

南禅寺の参道にある小さなショップ。食のうつわに特化した目利きの品揃えで、うつわ好きから作家、料理人にまで支持されています。年2〜3回開催する、食とうつわをテーマにした展覧会「よろしゅうおあがり」では、ひとつのテーマのもとに実力派の作家が競演。うつわが広げてくれる食の愉しみを伝えます。また、「あ花音劇場」と題したグループ展や個展、二人展（年4〜5回）も見もの。京都を中心に、丁寧なものづくりをする作家が選ばれていますが、ことに女性作家の小さな作品には、技とセンスが詰まった、極上の「かわいい」が見つかります。

1章 京都のうつわセレクトショップへ

うつわをキャンバスに。女性作家の絵心にひき込まれる

茶碗／スナ・フジタ（愛媛）
うねうねと縁に描かれたホースの青い線と放水する男は、夏休みの一場面を切り取ったような楽しさ。物語を感じさせる絵付。φ11.8cm×H6cm 10,000円。

絵皿／矢島操（滋賀）
右は、白い生地に黒い化粧土を掛けて削って模様を出す「搔き落とし」の尺皿。切り紙のように素朴な模様と凹凸が面白い。20,000円。左はカラフルな色絵の大皿。φ29cm 15,000円。

個性とりどり、京都の作家たち

1 村田森（京都）のデルフト（→p.93）写しの隅切四方角皿（1,800円）には、素朴な鳥や人の姿が描かれている。手前の浅鉢（3,500円）は、深い瑠璃の釉調がシック。 **2** 佐々木綾子（京都）の皿は、つや消しのパステルトーンで、微妙な色と質感はまるでシャーベットのよう。黄色の六寸皿4,000円〜。 **3** 造りの繊細さと軽さ、上品なかたちで人気の黒木泰等（京都）。灰釉朝顔小鉢2,800円、織部浅鉢4,000円。

MAP 10（p.108）
京都市左京区南禅寺福地町83-1
☎075-752-4560
10:30〜17:30 月曜休
www.utsuwayaakane.com

㊜内田裕子（京都）脇山さとみ（大阪）村田匠也（京都）新宮州三（木工・京都）
㊑年7〜8回、個展やグループ展を開催

019

Sophora ［ソフォラ／京都市役所前］

バリエーションは無限
美しき手技の結晶を愛でる

思わず目を奪われる、色、かたち、テクスチャーもさまざまな、美しいうつわたち。ブティックのようなディスプレイが、細心の手技を注ぎ込まれた作品をゆっくりと鑑賞させてくれます。展覧会ではやきもの、ガラス、漆などの作家作品を積極的に紹介。そのラインアップの新鮮さからは、うつわをテーブルウエアとしてだけでなく、生活のアクセサリーとして楽しむヒントを得ることができます。

MAP 1（p.103）
京都市中京区二条通寺町東入ル榎木町77-1
☎075-211-5552
10:00〜18:30　木曜休、水曜不定休
www.sophora.jp

作　髙橋亜希（京都）瀬津純司（京都）
　　高橋生華（岐阜）
展　うつわを中心に、年10回以上開催

arare一輪挿し／岡安真美（京都）
端正なロクロ成形のうつわのかたちに、ビビッドな色彩のギャップ。そこに絞り出しで打ったドットが規則的に並ぶ。ポップながら京都らしい仕事が印象的。3,500円〜。

ガラス器／杉江智（京都）
吹きガラスの有機的なフォルムがやさしく、使いやすさと食卓を明るく彩る色彩を兼ねそなえる。京都の和食店でも使われている。皿5,000円〜。

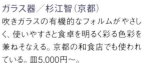

ギャラリーにしかわ

［四条河原町］

**京焼らしさ──洗練された造形と
作家性をそなえた、現代のうつわ**

1966年にオープンしたギャラリーマロニエの「使えるクラフトショップ」として生まれ、以来、作家からもうつわ通からもあつい信頼を寄せられてきました。その理由は、併設するギャラリーで常に作家の展覧会を開催しながら作家と深くかかわってきたこと。選ばれる作品には、若手であっても常に安定した質の高さが保たれています。安心できるおもてなしのうつわを探しに、料理人も訪れます。

MAP 9（p.107）
京都市中京区河原町通四条上ル
塩屋町332 マロニエビル2F
☎075-212-3153
12:00〜19:00 月曜休
www.kyoto-wel.com/shop/S81055/

作 木村巳奈子（京都）森岡希世子（石川）杉本太郎（京都）
展 ギャラリーで随時企画展を開催

SOBACHOKO／
クリスティーナ・マール（京都）
和と洋のセンスを軽快に表現する作家の手にかかれば、おなじみの呉須（→p.91）がマリンブルーに。4,000円。

猩々緋シリーズ／山田晶（京都）
釉薬を重ねて磨き上げた鉱物のような質感のうつわ。奥：千点紋杯4,000円、右：変形小鉢4,000円、左：小皿2,800円。

ギャラリー器館 ［ぎゃらりーうつわかん／大徳寺］

若手から大御所まで、やきものの進行形を紹介

ファサードに陶片をちりばめた4階建てのビル。その全館が、刺激的なうつわのギャラリーです。2階は常設のコレクション、3階と4階ではほぼ常時、陶磁器の企画展を開催。大御所、若手を問わず陶芸という伝統の革新に挑戦し続ける作家たちのショーケースとなっています。常設の品揃えは、茶道具からテーブルウエアまで、技巧で目を楽しませる「愛でるうつわ」のオンパレード。1階は小展示と作家からの放出品のコーナーで、掘り出しものにも出会えます。

MAP 2 （p.104）
京都市北区紫野東野町20-17
☎075-493-4521
11:00〜19:00 木曜休
www.g-utsuwakan.com

作 内田鋼一（三重）加藤委（岐阜）新里明士（岐阜）
展 館内2フロアで、ほぼ常に企画展を開催

植葉香澄個展の展示風景。

I 章 | 京都のうつわセレクトショップへ

京都発！
超絶技巧な奇想の
女子作家たち

左：酒器／大江志織（京都）
人体をかたどった有機的なフォルムとなめらかに磨き上げた質感が官能的。盃18,000円、徳利14,000円。

右上：碗と皿／楢木野淑子（京都）
超カラフルな絵付と凹凸のある表面。眺めても触っても、驚きのデコラティブさ。碗13,000円、皿14,000円。

右下：茶碗／植葉香澄（京都）
異種の動物が合体する造形「キメラ」シリーズより。謎の生き物に背負われたファンタジーな茶碗。90,000円。

1 土の面白さを手と目で味わえる金憲鎬（キム・ホノ）（愛知）のぐい呑み。各10,000円。 **2** 鯉江良二（愛知）の酒器38,000円とぐい呑み30,000円。 **3** 川端健太郎（岐阜）の注器。幻想的なかたちと抽象画のような釉薬の色彩が独特。30,000円。

HOTOKI ［ホトキ／岩倉］

ショップ、カフェ、陶芸教室で
うつわにたっぷりふれる休日を

田畑と住宅街がのんびり広がる岩倉。陶芸家 清水久さんの工房に、うつわショップ・カフェ・陶芸教室が併設されています。店で扱うのは久さんと、山科区の清水焼団地でショップ「トキノハ」を営む息子の清水大介さん、友恵さんご夫婦の作品。広いダイニングテーブルの上のうつわからは、生活空間でこそ生きるやきものの魅力を実感。カフェではそのうつわでスイーツを楽しみ、工房でうつわづくりに挑戦。うつわとの距離がぐっと近くなります。

MAP 7 （p.105）
京都市左京区岩倉西五田町17-2
☎075-781-1353
10:00〜18:00（陶芸教室〜20:00）
水曜休
http://hotoki.jp

作 清水久、清水大介、清水友恵（京都）
※電動ロクロ体験 15分1,000円〜

I 章 ｜ 京都のうつわセレクトショップへ

three-toneマグカップ／清水大介
使って楽しいポップさ。アメリカのファイヤーキング（→p.93）のかたちを写し、三色遣いで表現。左：4,000円、右：4,500円。

KAKEL ボウル／清水大介×南山喜揮
高台に木を使ったツートーンのうつわ。京都の木工職人とのコラボレーション。15,000円。

戦後の京都陶芸界の前衛、八木一夫氏に師事した清水久さんの金彩のマグカップ5,000円のほか、親子二代のコラボ作品も並ぶ。

やきものづくりの伝統と
毎日の生活が出会う場所

1 ケーキセット800円。カフェのうつわはすべて店舗で販売。皿は1,800円。**2** カフェには久さんのコレクションのジャズのレコード、CDがずらり。席から工房を眺められる。

陶芸体験は約1時間半で4,500円（土1kg込み）。手びねりで作ったいうつわを自由に作れる。完成品は約2ヶ月後に発送してもらえる。

column 1

「うつわ阿閑堂」中嶋清次さんに聞く 京焼 五 つの魅力

土や技法に固有の個性がある地方の窯と違って、「京焼」には一言で語れる特徴はありません。大きくいえば、京都で生まれたやきもの全てが「京焼」。茶の湯や料理の文化の中心地・京都では、使い手が同じ街にいて、職人に直接好みを注文する環境があり、それが京焼に洗練をもたらしました。「中国や古典の写し(→p.93)のものでも、そのまま写すのではなく、そこには京都の料理人や文化人が好むようなアレンジが加わります」と、古い京焼を豊富に扱う「うつわ阿閑堂」の中嶋清次さん。見た目のきれいさだけでなく、造りの薄さ、精巧さにも注目を。「身と蓋がぴっちりと合う、持ちやすいよう高台の内側に指の掛かりがつけてあるなど、手に取って思わず「うーん、いい仕事をしてるなあ」とうならせる技が、京焼の名工のうつわにはあるのです」。

 壱 薄く、繊細な造り

江戸前期の京焼の名工・野々村仁清(→p.92)の装飾的なテイストを写したうつわ。透かしと縁の飾りなど、この上なく繊細で、盛りつけの細やかさと競い合うよう。真葛窯の作品。

弐 黄・青・緑の古清水(こきよみず)トリコロール

薄黄色の陶器の地に青と緑の絵付は、江戸前期に京都で焼かれていたやきもののスタイルで「古清水」と呼ばれる。エレガントな三色は、京焼の定番となっている。

参 職人技の緻密さと精巧さ

幾何学的な柄は中国・明時代の染付の「祥瑞(しょんずい)」の写しですが、あくまで繊細なのが京焼らしさ。閉じるとぴったりと身と蓋が閉まり、模様が合わさる精巧さ。そして、この蓋もののかたちは、宮中の玩具「ぶりぶり」を写したもの。雅なモチーフもまた京都らしい。

1 章　京都のうつわセレクトショップへ

「色かたち、目に
見えないところにまで
仕事が行き届いています」（中嶋さん）

伍 写しもエレガントに

肆 京料理の華、といえる豪華さ

紫、黄、緑をビビッドに用い、輪郭はイッチン（→p.97）で立体的に描く。こうしたカラフルな「交趾（こうち）」は、もともと中国南方のやきものだが、京焼では繊細華麗にアレンジされる。金襴手（→p.96）とともに京焼の名家・永樂家の真骨頂。京料理の華やぎには欠かせない。

上は、清水焼の五代・三浦竹泉の作品。中国の赤絵を緻密なグラフィックに。薄造りで、姿もエレガント。下は、中国・明時代の「古染付（こそめつけ→p.63）」と呼ばれるスタイルの写し。古染付は素朴さで茶人に好まれたが、それを京焼の名工、二代・叶松谷が写すと、風流さが感じられるスッキリとしたかたちに。

古き良き時代のうつわのパラダイス
うつわ阿閑堂
［うつわあかんどう ／ 東山三条］

店内ところ狭しと、ぎっしりと集められた古いうつわ。時代の若いもの、料理店のストックから、名窯の逸品まで。とくに名工が腕を振るった時代の京焼が豊富。業務用に活用できるコンディションとバラエティで、料理人も多く立ち寄る。
※掲載商品の価格は問い合わせ

MAP 10　(p.108)
京都市東山区三条通白川橋
西詰北入大井手町102-6
☎075-752-3538
11:00〜18:00　月曜休

027

+ column 2 +

京焼のふるさとを歩く「五条坂＆茶わん坂マップ」

京都のうつわといえば、京焼・清水焼。その歴史は、16〜17世紀、茶碗屋九兵衛が五条坂で色鮮やかな陶器を作ったことに始まります。その後、清水一帯はやきものの街として栄えました。やきものを絵のように彩った野々村仁清、斬新なデザインを試みた尾形乾山（→p.92）など、数々の名工の活躍があり、茶の湯、料理などの文化に刺激されて京都のうつわは洗練されました。戦後、多くの窯元は山科に移転しましたが、五条坂から茶わん坂には、日常の茶わんを並べた店から、作家のギャラリーまでが並び、今も京焼・清水焼の象徴です。年に一度開催される陶器まつりは、他県からも作り手が出店。その数400を超える賑わいで、ここが、やきものの中心地であることを実感させます。

清水家三代の作品を展示

五条坂清水

人間国宝・清水卯一、保孝、志郎、三代の作品を販売するギャラリー。工房、住居を兼ねた昭和初期の建物の中での展示が、趣き深い。
☎075-561-3983
10:00〜17:00　不定休

旧・登窯の煙突が今も残る

陶器まつり会場
「これより五条坂」の石碑

京阪・清水五条駅

五条通

若宮八幡宮
陶器の神様を祀る神社。陶製の狛犬も鎮座。

界隈に60軒以上のうつわ店と問屋が並ぶ、楽しいストリート。五条坂のほか、渋谷通にも注目！

大和大路通

六兵衛窯ギャラリー●

河井寛次郎記念館●
(p.87)

渋谷通

若手作家とも出会える、年に一度のやきもの祭り

京都・五条坂 陶器まつり

大正9年(1920)から六道珍皇寺の「お精霊さん迎え」の参詣客に、窯の放出品を並べて売ったのがその始まり。今では約400軒が並び、夏の風物詩として親しまれている。陶芸家を目指す若者の出展も多く、近年はクラフトフェア的な雰囲気もあり。
■毎年8月7日〜10日
9:00〜22:00（雨天決行）

1.2 やきもの屋さん、作家たちが店先で、テントでお買い得品を並べる。3 家族一緒になごやかなお祭りムード。

参考サイト…五条坂・茶わん坂ネットワーク　http://gojo-chawanzaka.jp

京都陶磁器会館

京都のやきものを一堂に展示

人間国宝、名窯の作品から、茶碗、箸置きまで、京都のやきものがずらりと並び、2階で企画展も開催。五条坂さんぽの出発点にしたい。

☎075-541-1102
9:30〜17:00
木曜休

東大路通
五条坂

温かな、土ものうつわの窯元

●三島

茶わん坂の入り口にある「陶物師」つまり陶器専門の窯元。商品は全てご主人の作品。湯呑み2,000円〜。マグカップには、温もりのある絵付が。

☎075-531-2489
9:00〜18:00　不定休

東五六
やきものの大型店

●紅村

気品ある青磁・白磁に出会える

→ 至・清水寺

茶わん坂

●近藤悠三記念館

染付の人間国宝・近藤悠三の作品や制作風景のビデオを鑑賞できる。

陶磁器たきぐち

滝口和男のフノタジーな作品

色彩豊かで細密な絵付で人気の滝口和男、川合敦子、内田裕子らの作品を扱う。手捏ねの風合いと絵付の細かさを手に取ってじっくりと。猪口20,000円〜。

☎075-561-2668
11:00〜16:00　火曜休

凛とした清水の職人仕事を堪能

東哉

湯呑み(3,000円〜)ひとつとっても、仁清風あり、祥瑞、赤絵や古染付と、あらゆるうつわの絵付が展開され、手になじむ美しい姿。これが清水の職人仕事。

☎075-561-4120
10:00〜17:00　火曜休

029

木工・ガラス・金工のうつわ

象彦 ［ぞうひこ／京都市役所前］

カジュアルなテーブルウエアも
提案する、京漆器の老舗

寛文元年創業から400年近く、洗練された塗りや蒔絵の技を誇る京漆器の世界をリードしてきた老舗。2014年に移転オープンした寺町の新しい本店はブティックのようなムードで、気軽に漆器を手に取れます。豪華な蒔絵の文箱から、パステルカラーの銘々皿や漆カップなど、現代のテーブルに似合うモダンな商品も提案していて、伝統と進化する現代の漆器スタイルを知ることができます。

MAP 1（p.103）
京都市中京区寺町通二条上ル
西側要法寺前町719-1
☎075-229-6625
10:00〜18:00 不定休
www.zohiko.co.jp

1 象彦の定番「花寄せ銘々皿」の新色"きなこ"。5客7,800円。フォーク・スプーン各1,800円。　**2** 日本酒をおいしく飲むために考案された4種類の漆器グラスのセット。四季冷酒杯40,000円。

1章　京都のうつわセレクトショップへ

清課堂　［せいかどう／京都市役所前］　錫

涼やかな錫と、手仕事の温かさ
金工作家の紹介ギャラリーも

江戸、天保期に錫師として創業。ショップには涼しげな光沢を放つ錫や銀製品が並びます。職人の手で繊細な鎚目を刻まれたうつわは、持つと温かみもあり、年月を経るほどに味わいを深めます。奥には和室のギャラリーがあり、企画展で金工作家を紹介しています。

MAP 1　(p.103)
京都市中京区寺町通二条
下ル妙満寺前町462
☎075-231-3661
10:00〜18:00　無休
www.seikado.jp

展 年に数回、企画展を開催

お酒をおいしくするといわれる錫の酒器。左：不昧公好みチロリ30,000円、右：鎚目チロリ（大）22,000円。

グラススタジオ　［祇園］　ガラス

世界のシェフが愛するガラスのうつわ
日本だけの直営ショップ

各国の一流レストラン・ホテルで使われている、ギリシャのガラス器メーカー「グラススタジオ」の世界唯一の小売店です。その特徴は、テーブルの主役となる華やかな色彩とダイナミックなデザイン。京都でも、和洋や季節を問わず、シェフたちを刺激し続けています。

MAP 8　(p.105)
京都市東山区祇園町南側581
☎075-532-0632
11:00〜19:00　日曜休
www.myglassplate.jp

ゴールド脚付きボウル
スタイリッシュなゴールド柄にメタルの脚付き。φ10cm
11,500円

和柄皿
世界の文様も採りいれたデザイン。φ14cm 6,600円。

031

公長齋小菅 [竹]

[こうちょうさいこすが／三条河原町]

身近な竹が、デザイン性豊かな日常のうつわに進化

日本の暮らしの中にいつもあった、身近な素材・竹の現代的な魅力と使い方を発信するブランドです。竹を集成材にする技術を用いたボウルやお弁当箱、竹を編む前と後の2回黒染めする籠など、これまでなかった竹のうつわのデザインやカラー展開が新鮮です。どの品も、カットや成形の仕上げが丁寧で、使うことで職人仕事の良さが実感できます。

MAP 9 (p.107)
京都市中京区三条通河原町東入ル中島町74
ロイヤルパークホテル ザ 京都1F
☎075-221-8687
10:00～20:00 無休
www.kohchosai.co.jp

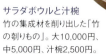

サラダボウルと汁椀
竹の集成材を削り出した「竹の割りもの」。大10,000円、中5,000円、汁椀2,500円。

MINOTAKE 展開豆皿S
プロダクトデザイナー・小泉誠とのコラボレーション「MINOTAKE」シリーズ。竹を開いて加工したプレート6,000円。

1 軽くて使いやすい正方形のトレイ2,800円（ボウルは非売品）。 **2** 竹の徳利とぐい呑み2つがつく朱塗りの酒器セット4,500円、トレイ4,500円。

1

2

| 章 | 京都のうつわセレクトショップへ

1 手前:松井利夫(京都)の白磁平皿3,200円、奥:クリ割板盛皿。 **2** 拭漆の小皿1,250円、柿渋小皿950円など。

銀意匠（木曽アルテック 京都） 木工

［ぎんいしょう／銀閣寺］

木の国、日本の美と技を
インテリアを通して伝える

長野県木曽に本社があり、木の美しさと温かみを活かした住空間づくりを提案する会社のショールーム。インテリアの素材である木材、漆和紙、鍛造金具などと一緒に、木のうつわも並んでいます。木目を楽しむ拭漆の皿、さまざまな木の色合いの違いを寄せ木で味わうランチョンマットは、手にするだけで寛ぎを覚えます。木を育み活かし、木に癒されてきた日本人。そのめぐみと技を食卓で味わえます。

ハレのおもてなしにも使えそうな、木の香り豊かな寿司桶も並ぶ。拭漆10,000円〜、白木8,500円〜。

MAP 20 (p.109)
京都市左京区鹿ケ谷法然院町43
☎075-751-7175
9:30〜17:30 不定休
www.kiso-artech.co.jp

透明なガラスの中に、白い線がドローイングのように踊るレースガラス。**1** グラス10,000円〜。**2** プレート10,000円〜。

PONTE ガラス

［ポンテ／祇園］

ガラスの中の繊細な模様
光を楽しむ美しいうつわ

富山、ドイツの工房で学んだ佐藤聡さんのガラスのうつわショップです。注目は、透明なガラスに白ガラスで幾重にも線を重ね、それを編むように柄を作り出したレースガラス。ハンドメイドのため、同じ模様が二つとありません。ほかに、マットな質感で色が透けるサンドブラスト、ゆらゆら光を反射するモールガラスなど、光を楽しむうつわ—ガラス器の楽しさを味わえる美しい作品ばかり。

サンドブラストの花器
曇った質感と色合いは古代ガラスのような趣。これも一つとして同じものはない。15,000円〜。

光がたっぷりふり注ぐ店内で、ゆっくり品定めを。

MAP 8 （p.105）
京都市東山区祇園町南側570-210
ZEN内
☎075-746-2125
11:30〜18:00　月・火曜休
http://ponte-kyoto.com

I 章 | 京都のうつわセレクトショップへ

篁 ［たかむら／新門前］ 竹

京都の素材と技から生まれる
高級感ある竹のテーブルウエア

竹の産地、長岡京に工房を構え、竹材作りから手がける「高野竹工」によるショップ。オリジナルのテーブルウエアから、古材で作られた茶道具までを扱っています。良材を十分寝かせ、職人技で形作り、磨き上げる竹のうつわは、初めて見る質感、そして高級感。

MAP 8（p.105）
京都市東山区中之町238-1
☎075-531-6881
12:00〜19:00 火曜休
www.takano-bamboo.jp

20年寝かせた竹をロクロで成形し、漆を施したグラス。朱のぐい呑み5,000円〜。

なちや ［大徳寺］ 漆

食器洗浄器で洗えて
毎日遠慮なく使える漆器

「食器洗浄器で洗える漆器」で人気のメーカー「なちや」の直営店です。精製によって強度を高めた「純漆」を用い、手入れにも気づかい不要。洋の食卓に違和感のないデザインのカジュアル椀は、漆器のイメージを刷新する使いやすさ、気軽さ。写真のパスタ椀 白8,100円ほか。

MAP 2（p.104）
京都市北区紫野大徳寺町63
☎075-491-3626
10:00〜18:00 火・水曜休
www.nachiya.co.jp

大徳寺孤篷庵前のショップは古い蔵のような構え。

全国のうつわをセレクト

うつわ京都やまほん

［うつわきょうとやまほん ／ 五条高倉］

うつわのほか、リネンやカトラリーにも
現代の作家ものが揃う。

Ⅰ章　京都のうつわセレクトショップへ

1 デザイナー猿山修（東京）の、白磁のカップ＆ソーサー7,000円。**2** 城進（三重）の土瓶15,000円と汲出し（→p.92）2,000円。**3** 宮岡麻衣子（東京）の湯呑み3,200円、瑠璃染付の六角皿3,500円。

現代の若手作家から、古窯の味わいに入門

岸野寛（三重）の酒器
若々しい感覚で李朝や志野など、古いうつわの雰囲気を写しながら創作する作家。井戸（→p.91）の風合いの徳利20,000円。白磁の湯呑み3,000円はやわらかな鎬（→p.97）が上品。

現代作家を選び抜いて
土味もデザインもモダンに楽しむ

伊賀に本店のある、うつわギャラリー。全国50名ほどの作家の作品を扱っています。中でも地元伊賀、信楽の土味のいいうつわ、古窯や李朝の写しなどに、素朴でありながらモダンなリビングに映えるスタイリッシュな品が選び抜かれています。やきもののクラシックを知る人にも、初心者にもおすすめです。漆や木、竹のうつわ、染織の展覧会もあり、暮らしの中で生きる、現代の美しいものづくりを紹介しています。

MAP 21（p.109）
京都市下京区堺町21（五条通高倉角）
jimukinoueda bldg 3F-301
☎075-741-8114
11:00〜18:30　火曜休
www.gallery-yamahon.com

作 辻村史朗・唯（奈良）岡崎勉（滋賀）
　土田和茂（漆・石川）
展 毎月1〜2回企画展を開催

Second Spice ［セカンドスパイス／河原町丸太町］

シンプルさ、使いやすさで即戦力
お料理を引き立てるうつわたち

全国の50名ほどの作家とやりとりしながら、料理人と作り手の間に立って、料理店で使ううつわのプロデュースも行っています。その経験から、ショップでセレクトする品の基準は、何よりお料理の良きパートナーであること。盛りつけの格を高める岡晋吾の李朝風のうつわもあれば、新鮮なアイデアで食卓のスパイスとなる若手の作品も。盛ることで料理の味がぐっと変わる、そして日常遣いできる価格のうつわたち。買ってすぐ食卓で活躍すること受けあいです。

MAP 1 （p.103）
京都市上京区河原町通丸太町上ル
桝屋町 毎日新聞京都ビル1F
☎075-213-4307
11:00～19:00 木曜、第3水曜休

㈜ 井内素（京都）黒木泰等（京都）
　　増田哲士（京都）矢島操（滋賀）
㈹ 年に数回開催

1章 | 京都のうつわセレクトショップへ

コーヒーセット／大井寛史（京都）
まるでホウロウのような質感が面白い。
ポット7,000円、カップ2,200円など。

グラス／小林裕之（京都）
銀を混ぜてオパールのような輝きを出している。オーナー特注のシャンパングラス8,000円。

小鉢／谷村崇（京都）
京焼の仕事らしい端正な輪花（→p.97）鉢。おもてなしにも。
白磁3,800円、青磁4,000円。

李朝や伊万里の風合いを生かす唐津の作家・岡晋吾。展示会を不定期で開催している。皿13,000円、瑠璃鉢5,500円。

ギャラリーYDS ［ギャラリーワイディーエス／烏丸御池］

生活に欠かせない彩り──工芸の美
やきものに、その精神を求めて

友禅の染工房「高橋徳」の中に併設された陶磁器ギャラリーです。風格ある建物の入り口で靴を脱ぎ、1階の和室では企画展を、3階では常設ショップを訪ねることができます。「生活はいろいろな工芸品で成り立っている。着物も、やきものもその一部」というオーナーの気持ちから、うつわを実際に使う台湾茶会や食のイベントも開催。土に向き合い、ものづくりに真摯な作家を厳選して紹介するスタンスからは、伝統工芸に受け継がれた精神と同じ価値観が感じられます。

MAP 13 （p.108）
京都市中京区新町通二条上ル二条新町717
☎075-211-1664
月〜土曜11:00〜18:00　※第2土曜、日祝は予約制でオープン。展覧会中は営業
www.takahashitoku.com

作 清水志郎（京都）光藤佐（兵庫）
展 年に7〜8回展覧会を開催。お茶会やイベントも

焼締（→p.94）にさまざまな表情を生み出す、二階堂明弘（千葉）の展覧会風景。

1章 | 京都のうつわセレクトショップへ

全国の作り手を訪ねて集めた土味のいいうつわたち

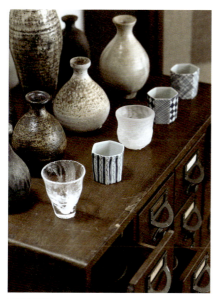

酒器とりどり
手前は、荒川尚也（京都）による氷の結晶のような手応え重厚なガラスのぐい呑み5,000円。奥は素朴な染付の、宮岡麻衣子（東京）のぐい呑み3,400円。徳利は、竹下鹿丸（栃木）の白南蛮6,000円などが揃う。

下段は、半農半陶で制作する小嶋亜創（長野）のカップ1,800円、種子島の土を使い薪窯や穴窯（→p.91）で作陶する野口悦士（鹿児島）の野趣あふれる焼締の片口6,000円。

布や紙に漆を施す「乾漆」技法による鎌田克慈（石川）の漆器プレートと、艸田正樹（石川）のピンブロウ技法のグラスをセットで。17,500円。どちらも軽さと自由なフォルムが魅力。

3階の常設ショップ。アンティークのコレクションをあしらった空間が、全国から集められた作家もののうつわとなじんでいる。

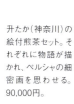

升たか（神奈川）の絵付煎茶セット。それぞれに物語が描かれ、ペルシャの細密画を思わせる。90,000円。

風格ある友禅工房の店構え。

041

1 金属を鎚で叩き出して成形する金工作家、稲垣大(大阪)の打ちものの皿。左上:真鍮燻し皿3,000円、右下:真鍮皿2,400円。 **2** 左は川端健夫(滋賀)の栗の木皿4,000円。右は服部克哉(京都)のマグカップ3,426円。薪窯焼成ならではの味わいが。 **3** 木下和美(京都)の白磁のぐい呑みは、光が透けるほど繊細。

ギャラリーひたむき

[京都市役所前]

全国のものづくり作家を
デザインと使い勝手でセレクト

店名の通り、ひたむきに創作活動をしている日本全国の工芸作家の作品を紹介するショップです。うつわはやきものにとどまらず、金工、曲げわっぱ、鉄器、竹やガラスまで……とジャンルは広く、デザイン性の高いアイテムが厳選されています。定期的に開催する展覧会で作家を紹介し、時には異ジャンルの作家のコラボレーション企画も行うことで、作り手も使い手も刺激。ものづくりの現場と、作家の想いを身近に感じられるのも、このお店ならでは。

湯呑み／
松尾潤(佐賀)

モダンな味わいで、洋の食卓にもすんなりとけ込みそうな唐津焼。左の青唐津、右の絵唐津ともに4,000円。

南部鉄器から琉球ガラスまで、全国の手仕事が揃う。

MAP 1 (p.103)
京都市中京区寺町通御池上ル
☎075-221-8507
11:00〜19:00 火曜休
www.hitamuki.com

作 小川記一(滋賀)生形由香(栃木)
展 3週間ごとに企画展を開催

| Ⅰ章 | 京都のうつわセレクトショップへ

片口／村木雄児（静岡）
注ぐお酒をまろやかに感じさせてくれそうな、ぼってりした粉引。4,500円。

草星 ［くさぼし ／ 河原町丸太町］

土の温かさ、手になじむ大きさ
変わらない良さをじっくりと

お碗、皿、ぐい呑み……。小さなお店に並んでいるうつわは、手にするとしっくりとなじみ、温かい土ものばかり。オーナーが「開店以来、何にも変わりません」と言うように、流行に左右されない手と眼で作られ、選ばれた、「じっくり」という言葉がピッタリくるものばかり。ことに薪窯、蹴ロクロ（→p.91）など、昔ながらの手法でつくられた泥臭くも素朴なうつわに、伝え手の愛情が注がれています。

灰釉鉢／長谷川奈津（神奈川）
ぷつぷつと表面に吹いた鉄が、味わい深い。しっかり焼いた丈夫さにも安心できる。6,000円。

MAP 1　（p.103）
京都市上京区河原町丸太町上ル出水町266-9
☎075-213-5152
11:00〜19:00　木曜休
www.kusaboshi.jp

──────────────

作　大村剛（福岡）田谷直子（神奈川）
　　掛井祐造（愛知）

1 額賀章夫（茨城）の輪花豆皿（600円）ほか、仲良く並ぶ小皿たち。**2** 土味がいい健康的なうつわに心が安らぐ。手に収まりのいい小ぶりの碗が豊富でおすすめ。

酒器の専門店

左から大西雅文(兵庫)、小出尚永(岡山)、脇本博之(岡山)、小川哲男(佐賀)、松元洋一(奈良)、仲岡信人(兵庫)。

酒の器 Toyoda　［さけのうつわ とよだ／伏見］

酒造りのまち、伏見で お酒をおいしくする盃やぐい呑みを

伏見の酒「神聖 山本本家」の酒蔵の一角にある、酒のうつわ専門店です。四季を通じて酒器の企画展を行っていて、人気作家による新作の盃やぐい呑み、片口が出品されます。小さなうつわだからこそ、そこには作家の個性が凝縮され、それがコレクター心を刺激します。お酒の種類や温度に応じて酒器を変えることで味わいも変わる。オーナーのツウなアドバイスに、お酒の楽しさが広がります。

MAP 16　(p.108)
京都市伏見区上油掛町190
☎075-611-7822
11:00〜19:00　月曜、第1火曜休
www.sakenoutsuwa.com

作 田中美佐(京都)髙橋亜希(京都) 棚橋淳(愛知)廣川純(滋賀)
展 年3〜4回グループ展を開催。作家の個展も多数

盃／福本双紅(京都)
マットな白と目の覚めるようなブルーのツートーンは、福本双紅の定番シリーズ。オブジェとして鑑賞したいほどの繊細さ。12,000円。

片口／中村譲司(京都)
斑の入ったグリーン、卵のカラのような風合い。やわらかな釉調を口の銀彩がきりりと締める。8,000円。

碗と盃／
川端健太郎(岐阜)
見込み(内側)に宇宙のような模様が広がる。どんなお酒の味になるか楽しみ。碗8,000円、盃10,000円。

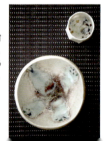

酒器 今宵堂

［しゅき こよいどう／北大路］

お酒とおつまみ好きが作る
毎日の晩酌のためのうつわ

酒販店や居酒屋、お酒のプロたちからの注文で、酒器を専門に作っている工房が、週末だけ工房を開放して作品を販売しています。ありそうなのに、探すと見つけにくい酒器、たとえば、ごくごくシンプルな白磁の盃や猪口、「たしなみ程度」飲みの人に使いやすい小ぶりの蕎麦猪口など、気の効いた品が見つかります。昔の酒器に見られるような、遊びゴコロあふれるデザインにニヤリ。酒肴が映える小皿もいろいろ。

ショップスペースから工房と、晩酌の様子が目に浮かぶような台所が見える。

MAP 3 (p.104)
京都市北区小山上内河原町52-5
☎075-493-7651
土日祝12:00～18:00のみ開店
www.koyoido.com

1 ひとり酒でも楽しく呑めそうなセット。角皿3,500円、盃1,800円、千鳥の箸置き500円。2 ギブアップ！という時に裏返してみせる？千鳥足猪口1,800円。3 アンティークのキャビネットにディスプレイ。

045

「昴-KYOTO-」
永松仁美さんに教わる うつわの愛し方

日常の延長としての美しいうつわ遣いを見せてくれる「昴-KYOTO-」の永松仁美さん。それは、古いものと新しいものを取り合わせる、異なる素材を組み合わせる、というようなコーディネートにとどまりません。本来の用途と異なる使い方を「見立て」たり、自分好みの一品を「誂え」たり。それも、ヨーロッパの銀皿を木で写してもらう、南仏の陶器を日本の地方窯で再現する……といった具合に、時代も国も超え、好きなうつわを「写す」ことで、うつわの新鮮な魅力を引き出します。

京都のうつわの歴史は、つねに古いもの、外国のものを取り入れ、見立てや写しを重ねてきました。永松さん流の自由なうつわの愛し方は、むしろその伝統に忠実。優れた職人やアーティストたちを、見立て上手、使い上手がリードしてきた京都のうつわ文化の現代が、ここにあります。

1 古いものと新しいものを合わせて

骨董の栗の刳り貫き盆に、現代作家・浅井庸佑(滋賀)さんの掛け分け皿を。「伸びしろのある若手作家の作品を、あえて上質な世界と合わせることで、お互いが引き立ち、面白さが生まれます」(永松さん)。

2 重ねてみることで広がる世界

「敷きものが大好きで」と永松さん。丸テーブルに合わせてお誂えした植物染めのランチョンマットに、お皿を重ねてグラスを置いて。好きなお皿は敷きものに見立てても使える。花器は藤田匠平(愛媛)さんの作品。

1章 | 京都のうつわセレクトショップへ

「時代に、作家に、
自分の「好き」を
重ねてみる」（永松さん）

3 若手とコラボレーション

若手とともに「お誂え」で、オリジナルのうつわもつくる永松さん。若さのあるうつわは、使い手のセンス次第で、自分の味わいに使いこなす楽しさがある。気負わず、自分流を試したい人には絶好のパートナー。写真左は浅井庸佑さんにオーダーした湯呑み。右は辻村唯（奈良）さんの花入れにグリーンを生けて。

4 「好き」がつながる、写しの楽しさ

写真右はヨーロッパのアンティーク皿を木工作家の佃眞吾（京都）さんに、左は南仏の素朴なお皿を余宮隆（熊本）さんに写してもらったもの。永松さんのオーダーの基準は「自分が生活に「あったらいいな」と思うもの。それらが増えて、皆さんにも喜んでもらえたらうれしい」。

古いもの、作家もので日常を美しく
昴 -KYOTO-
［こうきょうと／ 祇園］

カトラリーや小皿、小さくて愛らしいヨーロッパのアンティーク、日本の作家のやきものや木工のうつわを、オーナー永松仁美さんのセンスでセレクト。1階の「ZEN CAFE」(p.84)で、使い心地を試すこともできる。

MAP 8 (p.105)
京都市東山区祇園町
南側581 ZEN2F
☎075-525-0805
12:00～18:00
月・火曜休、不定休
http://koukyoto.com

スフェラ・ショップ

［川端三条］

日本のうつわを、グローバルな
美と寛ぎの空間に解き放つ

やきものや木工、金工など、日本各地の手仕事の技を生かして、ヨーロッパのインテリア空間でも通用するプロダクトを開発。国内のみならず、海外にも発信するブランドのショップです。民藝調の温もりをそのままに、モダンデザインとコラボレートしたテーブルウェア、工芸家によるドッグアクセサリーなど、美しくゆとりのあるライフスタイルに似合う工芸×デザインのアイデアが新鮮です。

MAP 8 (p.105)
京都市東山区縄手通新橋上ル西側
弁財天町17 スフェラ・ビル1F
☎075-532-1105
11:00〜19:00 水曜休
www.ricordi-sfera.com

蓋とハンドルにトチを用いた黒釉のティーケトル30,000円はユニークなかたち。手前は黄瀬戸(→p.95)の汲出し1,600円。ともにオリジナル。

ウォーターボウル／村田森(京都)
ドッグアクセサリーコレクションから、デルフト写しのウォーターボウル8,750円。

048

| 章　京都のうつわセレクトショップへ

&noma ［アンドノマ／岡崎］

北欧ヴィンテージに
日本の手仕事が調和する

岡崎の疏水沿い。カフェを併設した明るいブティックに並ぶのは、スウェーデンのガラス作家、エリック・ホグランほか北欧ヴィンテージのテーブルウエア。そこに日本のうつわが不思議なほど違和感なく寄り添います。オーナーのインスピレーションで選んだものが、時代や国籍を超えてひとつのテイストで結びつき、そこにリビングルームのような寛ぎが生まれる。うつわ選びの理想が見えます。

MAP 10（p.108）
京都市左京区岡崎円勝寺町36-1
☎075-752-7317
12:00〜17:30　月・火・水曜休
http://noma-k.com

作 佃眞吾（木工・京都）
※カフェ併設。11:00〜19:00　月曜休

茶箱／
嘉門工藝（東京）
茶道具をコンパクトに収納する茶箱をシェーカー（→p.93）ボックスに。蓋はお盆になる。82,000円。

小壺／斉藤幸代（兵庫）
飴釉が南欧の陶器のよう。茶道具の「振出し」（→p.92）に見立てて使ってもかわいい。2,500円。

下のオーバル皿は、村田森（京都）にオーダーしたオリジナルで6,000円。カトラリーは小西光祐（沖縄）2,880円。北欧デザインとの相性も抜群。

2章

使って楽しい
古いうつわたち

コレクションから、毎日の食卓で使えるうつわまで。古都・京都では、古いうつわとさまざまに出会えます。時を経た味わいは、ふれて、使って楽しんでこそ。

伊万里の豆皿 (p.54 道具屋 広岡)

Gallery Nisui 而水 ［ギャラリー ニスイ／三条］

料理を彩る、京焼の職人技
ヴィンテージうつわのセレクトブティック

「うつわは料理の着物」といわれ、京の料理店では季節や趣向に応じて、さまざまなうつわが料理に取り合わせられます。仁清・乾山に始まる京焼のうつわの華やかさ、北大路魯山人（→p.92）の独創的な懐石うつわ、粟田焼（→p.92）、清水焼の端正な色絵陶器や染付磁器は、時代を超えて料理人の憧れ。そんな名窯、匠のヴィンテージを集めたセレクトブティックです。食卓をドレスアップさせる晴れ着——職人技の冴えるうつわが、手頃な価格から手に入ります。

MAP 9（p.107）
京都市中京区麩屋町通三条上ル
下白山町296-1
☎075-253-0603
10:00〜18:00 火曜休
www.gallerynisui.com

繊細なる、京料理の衣装たち

輪花筒向付／江戸幕末〜明治
黄瀬戸の素朴さが繊細なかたちで表現されている。小ぶりなサイズで使い勝手もいい。5客100,000円。

小蓋もの／江戸幕末〜明治
カラフルなすすき模様を施した京焼。小吸物だけでなく、デザートに使っても素敵。6客90,000円。

上：時代がついた漆器
華やかな蒔絵の漆器（大正〜現代）は、輪島や京都で作られたもの。数が揃うものが多いので、おもてなしのうつわとして。1客10,000円〜。

下：珉平焼などの豆皿
古い豆皿は、入門編として。3,000円〜。黄や緑色の皿は淡路島で焼かれていた珉平（みんぺい）焼。

現代の京焼も織り交ぜて
古いものの端正さと現代的な感覚を併せもつ加藤幸治（京都）のうつわは、骨董好きにも人気。右下：琵琶形豆皿、中下：色絵網文豆皿、左上：麦藁手湯呑み。

2階は名工たちによる名品ギャラリー

2階は、しつらえも美しいサロン風の空間で、樂焼（→p.86）、魯山人、乾山など、食のうつわのマスターピースが揃う。コレクターや料理人ならずとも、一度は手にしたい逸品の数々をじっくりと愛でたい。

1 魯山人の木の葉皿や徳利が並ぶ。**2** 白井半七の「乾山写し 絵替り筒向付」。
※価格は問い合わせ

道具屋 広岡 ［どうぐや ひろおか／北山］

一生ものとして手元で愛でたい
洗練された伊万里のうつわ

オーナーのご自宅で営まれている、アットホームな寛ぎのあるお店。入り口では、蕎麦猪口の清々しい白と染付の藍色が迎えてくれます。伊万里のうつわは、江戸初期から後期までのものを中心に、上手（→p.92）で手頃な品から、初心者にはちょっと背伸びの逸品も。選び抜かれた品々からは、時代や格を問わず、眼と心を自然と養ってくれる名品の力を実感できます。使うことから一歩進んで、一生もののうつわの美の探訪に向かう人にも、良き案内人となってくれるお店です。

MAP 5 （p.105）
京都市左京区下鴨南芝町34-3
☎075-721-4438
10:30〜日没　火曜休
www.geocities.jp/rocky3siba/

絵心に遊ぶ
……伊万里の染付世界

多彩な染付の模様は一期一会。それが、伊万里の蕎麦猪口にコレクターが多い理由です。見たことのない模様、謎めいた柄から思わず想像をかきたてられ、洒脱な筆致には、注文主や職人の絵心が感じられる。その愉しみは尽きません。

ユニークな洋花／江戸後期
洋風の洗練されたデザイン。底が削ってある特殊な造りで、注文品と思われる。12,000円。

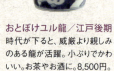

おとぼけユル龍／江戸後期
時代が下ると、威厳より親しみのある龍が活躍。小ぶりでかわいい。お茶やお酒に。8,500円。

花と波しぶき／江戸後期
モダンな抽象柄。口はかすかな輪花でかたちは大ぶり。向付（→p.92）だったのかも。20,000円。

左：初期伊万里の徳利。李朝風のかたちと、素朴な編目紋が初期の特徴。右下：花入れに使っても楽しめる蕎麦猪口。※価格は問い合わせ

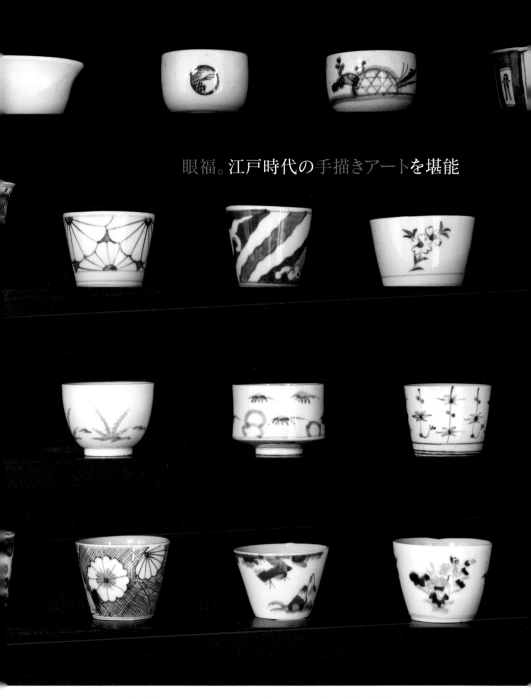

眼福。江戸時代の手描きアートを堪能

〈上段〉左:九谷白磁35,000円、中:ころ茶碗45,000円。〈2段目〉左:割菊紋17,000円、右端:桜15,000円。〈3段目〉左:水草、中央:雪持笹(江戸後期)30,000円。〈4段目〉左:撫子と菊13,000円、中:八つ橋(江戸前期)13,000円。※時代表記のないものはすべて江戸中期 ※すべて税込。表記のない価格は問い合わせ

尾杉商店

［おすぎしょうてん ／ 三条］

買ってすぐ使える品ばかり
古いうつわ好きの食器棚

日常で古いうつわを使ってみたいと思うなら、まず訪ねたいのがこちら。入り口に数多く並ぶ明治時代の印判手（→p.96）は、手頃で丈夫ながら、古いものならではの味わいもあり「最初の一枚」に最適。江戸時代の染付や伊万里の色絵皿は、使いやすい大きさ、同じ柄で揃うものが多く、料理好きにうれしい。キズのある品は繕われて値引きして販売され、こちらもお値打ち。ご主人の接客も丁寧です。

MAP 9 （p.107）
京都市中京区御幸町通三条下ル海老屋町315
☎075-231-7554
10:00～19:30 無休

飾ってもインパクトあり
伊万里の七寸皿に注目

和食にも洋食にも使いやすいサイズが七寸（約21cm）。色絵は一見、盛りつけを躊躇するゴージャスさですが、使ってみると意外な包容力。刺身からスイーツまで、柄と料理のコラボレーションが楽しい。とくに江戸後期から明治の伊万里は、洋風を意識した遊びのある絵柄が無国籍なムード。使わない時は飾っても。

藍に金彩を施したデコラティブなデザインと、清朝磁器のようなブルーグリーンがエキゾチック。江戸後期。9,500円。

呉須で花弁まで細かく描かれた花と赤い流水のハーモニーを締める「口紅」と呼ばれる褐色の縁取り。江戸中期。14,000円。

大きな花の左上にピンクの獅子が構える大胆な構図。白場が多いので、盛りつけを邪魔しない。江戸中期。24,000円。

明治～大正時代のガラス器も面白い。右上：大正時代の調味料入れセット20,000円。左：大正時代の小鉢3,400円。下：明治時代のプレスガラス皿：8,500円。

2章 使って楽しい古いうつわたち

ますなが ［祇園］

小ぶりなうつわもザクザク、充実
宝探しに時間を忘れて

祇園・花見小路からすぐ近くにある、小さな骨董店。祇園といえばコレクター向けの店が多い場所ですが、こちらはいたってリラックスできる品揃えのお店です。手に取りやすい価格のうつわは、折敷から蓋もの、蕎麦猪口、漆器ととりどりに揃います。中でも豆皿は江戸後期から明治・大正まで、豊富なバリエーション。棚に納まりきらない品が、引き出しにも。目移りしながらの品定めが楽しい。

MAP 8 （p.105）
京都市東山区大和大路通四条下ル4丁目小松町560-30
☎075-551-9470
13:00〜18:00　木曜休

漆の絵皿／江戸後期
漆で絵柄を描いた華やかな漆器。左：会津絵の小皿3,800円は、朱と緑の文様に金箔がアクセント。右：朱色で木芙蓉を描いた「吉野塗」の小皿2,500円。

手のひらに乗る、技のショーケース・豆皿

手のひらに乗る小ささの豆皿は、かつて塩を盛って料理に添えたもので「手塩（てしょう）皿」とも呼ばれていました。小さくても普通サイズのうつわと同じだけの手間と技術が注がれている、まるで職人技の小宇宙。いくつあっても見飽きません。

上段：染付輪花皿4,800円、染付八角皿6,500円、染付陽刻扇面皿2,800円。中段：大聖寺焼皿3,800円、染付角皿3,800円、染付丸紋皿4,300円。下段：白磁陽刻角皿2,000円、瀬戸桃型皿1,200円、珉平焼小判型皿2,800円。

アンティークベル [京都市役所前]

ユニークでひとクセある「ベル好み」。アイデアとセンスで楽しむ、古いもの

うつわもあれば、用途不明の錆びたオブジェ、理科実験道具、アクセサリーまで。ゆったり眺めて楽しいディスプレイは、まるで古いものの雑貨のセレクトショップ。うつわのラインアップには、手頃な値段でユニークなものが選ばれています。江戸時代のものなのに、なぜかモダンに見えるデザインあり、ユーモアがあふれるユルい絵付あり。古いものを難しく考えるのではなく、現代の眼から見た面白さを発見して、自分なりに「見立て」て使う。そんな新しい「こっとう」遣いのヒントが、あちこちに散りばめられています。

MAP 9 (p.107)
京都市中京区姉小路通
御幸町東入ル丸屋町334
☎075-212-7668
12:00〜19:00 無休
http://antiquebelle.com

2章 | 使って楽しい古いうつわたち

初心者からコレクターまで「宝探し」の品揃え

オールドノリタケのカップ＆ソーサー
オールドノリタケ（→p.92）のラインアップの中ではちょっとユニーク。くっきりした花模様がモダンアートのよう。4,500円。

切子ガラス／明治
切子ガラス（→p.99）にも、レトロモダンなデザインが選ばれている。グラス3,500円、小皿3,500円。

店の棚には、李朝、古染付、煎茶器など、ちょっと憧れの品も並ぶ。かと思えば、棚の隅に、ひょっこり怪獣フィギュアが立っていたりするのが面白い。

思わず笑みがこぼれる、面白染付

古い染付皿には、作った人が意図しない面白さがにじんでいるものもたまにある。100年を超えて今に通じるユルさを、コレクションしてみては。

1

2

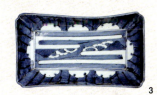
3

1 中国・清朝（後期）の中皿。ヨーロッパの紋章を写したのか、アルファベットのたどたどしさとユルい描線のアンバランスがカワイイ。5,000円。　**2** 大胆に花を描いた豆皿。ジョージア・オキーフ風？と、現代アート見立ても楽し。2,500円。　**3** 四角い画面をグラフィカルに構成して古典柄を配置した、江戸後期の伊万里の角皿。13,000円。

下段右:スタッキングできる日本の印判の湯呑み2,408円、ドイツのガラスのカップ&ソーサー6,945円。ゼブラ柄のカップ&ソーサーは、スウェーデンのユーフェン・トロストのデザイン。シマが一本一本手描きされている。

二十日 ［はつか／下鴨］

北欧・日本の古いものを自由なセンスでとりまぜて

下鴨の住宅地に佇む、隠れ家のようなアンティーク雑貨のショップです。女性オーナーの感性でディスプレイされた棚には、たとえば、マットな手触りのスウェーデンのやきものの隣で日本の漆器が深い艶を放っていたり。北欧のヴィンテージと日本の古いものが違和感なく混在する、ルールにもルーツからも自由な取り合わせ。自然と古いものに親しみがわき、時代や地域を超えてものを選ぶ楽しさを味わえます。

和の雰囲気が漂う、北欧食器

北欧食器は東洋の影響が色濃い。備前の焼締の雰囲気があるものも多く、上の写真の丸皿(デンマーク・ナブストラップ社製)もそのひとつ。

左は、ナブストラップのカップ&ソーサーとプレート。上は、デンマークのパルシュスのポット。66,667円。竹のハンドルや釉調が和を感じさせる。

MAP 12　(p.108)
京都市左京区下鴨森本町13-6
☎075-201-9315
11:00〜18:00　月・火・水曜休
www.facebook.com/hatsuka.kyoto/

+ column 4 +   2章 | 使って楽しい古いうつわたち

こっとう市でうつわハンティング

京都の古いうつわの宝探しといえば「弘法さん」「天神さん」の二大青空市。大正時代に民藝運動(→p.93)を率いた柳宗悦も、弘法さんに通って雑器を発掘していたとか。弘法さんには食品や手づくり品、こっとうまで1000以上の露店が並び、柳ほどの目利きでない限り、迷って当たり前。でも「どんなうつわが好きなのか、まだ分からない」という人には、このカオスは"自分好み"を知る絶好の機会。まずは、自分が気になる品を並べているお店をチェック。出店者はプロのこっとう業者さんで、毎月同じ場所に出ています。買いものをきっかけになじみになってみるのがおすすめ。彼らの売り口上は情報の豊庫なので、知らず知らずに知識が身につく。インターネットでは体験できないやりとりも、手に入れたうつわへの愛着を増してくれます。

市めぐり三箇条

壱 早朝を狙うべし
弐 テーマを決めて探す
参 通うほどに眼が肥える

21日の弘法さんと、第1日曜の毎月2回
弘法さん／東寺
MAP 19 (p.109)
■毎月21日
南区九条1
早朝～夕方まで(雨天決行)

毎月第1日曜には、古道具と手づくり品を中心とした「がらくた市」を開催。アットホームな雰囲気で、多くのこっとうファンも足を運ぶ。

注目！ 大会場のインドアアンティークフェアも
京都大アンティークフェア
MAP 17 (p.109)
■毎年3・6・10月開催(各3日間)
パルスプラザ(伏見区)にて

屋内で開催される西日本最大級の古美術イベント。コレクター向けの逸品は目の保養に。
※地下鉄・近鉄「竹田駅」から無料シャトルバスあり

こっとうを狙うなら早朝に
天神さん／北野天満宮
MAP 18 (p.109)
■毎月25日
上京区馬喰町
早朝～夕方まで(雨天決行)

日本を中心に、李朝・中国の古いうつわも多い。レトロなガラスや海外輸出用食器のデッドストック、手づくりうつわの出店も。

+ column 5 +

初めてさんも安心。こっとう基礎Q&A

こっとうはちっともコワくない。服や雑貨と同じように「好き」で選んで、どんどん使えば、自分の
スタイルが見えてきます。古いうつわがひとつあるだけで、食卓の楽しいスパイスに。

買い物 編

Q こっとう店で気をつけることは？

入口に、いかにも「入りづらい」オーラが出ている店は骨董コレクター向き。初心者におすすめは、この本で紹介しているようなカジュアルな「こっとう」店。ただし、どこのお店であっても扱っているのは、古いもの。一度壊れてしまうともう替わりがありません。扱いは丁寧に。手に取るときはお店の方に声をかけ、ワレモノは必ず両手で持ちましょう。また、知ったかぶりせず、気軽に質問もしてみて。こっとう愛と知識が深まってきたら、「入りづらい」店のトビラも、開くかもしれません。

手描きの染付や絵付は、一点ずつ味わいが異なる。じっくり選んで、お気に入りを見つけて（p.57 ますなが）

Q 料理に合わせやすいのは？ 何から買ったらいい？

1

2

3

お抹茶を点てたり、ごはんやおかずを盛ったりする碗は万能選手。取り皿や盛り皿として重宝する、ちょっと深さのある小皿「なます皿」には、安価なものが多くて、おすすめです。メニューの和洋を問わないのが七寸皿。メインからデザートまで、幅広く活躍してくれます。ついつい手が出る豆皿は、箸置きにしたり、たくさん並べて薬味をアレンジしても面白い。

1 良質なものが手頃な価格で手に入る漆器。蓋ものはおもてなしにも重宝（p.56 尾杉商店）。 **2** 盃は小皿としておつまみを乗せるのもおすすめ（p.80 まつは）。 **3** 漬物を古いうつわに乗せるだけで、よそいきの一品に（p.58 アンティークベルがうつわをセレクトする「にこみ鈴や」（MAP9 p.106））。

2章　使って楽しい古いうつわたち

知識編　Q よく耳にする言葉の意味を教えて

伊万里・古伊万里（いまり・こいまり）

伊万里（焼）は、有田（佐賀県有田町）を中心とする肥前国（現在の佐賀県および長崎県）で生産された磁器の総称です。17世紀の初め、朝鮮半島から渡来した工人によって、この地で日本最初の磁器が焼かれました。17世紀中頃、ヨーロッパへの輸出磁器の産地だった中国の情勢が悪化。東インド会社（VOC）は、中国に代わって有田から磁器を輸入するようになりました。有田のやきものは出荷された伊万里港にちなんで「伊万里」と呼ばれ、錦手（色絵・写真下）や金襴手（→p.96）の艶やかさとともに、ヨーロッパの王侯貴族の間にその名を轟かせました。一般的に、朝鮮半島の工人の趣味が強く反映されている17世紀前半のものを「初期伊万里」（写真上）、江戸・元禄時代～18世紀までのものを「古伊万里」、幕末・明治時代以降に量産されたものを「伊万里」と呼んで、区別することもあります。
※本書ではすべて「伊万里」と呼び、製造時代を記載しています。

上:初期伊万里網目文徳利、下:伊万里錦手七寸皿／江戸後期(p.54 道具屋 広岡)

李朝（りちょう）

「李朝」と呼ばれるうつわは、朝鮮半島の李氏朝鮮時代（1392～1910）に焼かれたうつわです。祭器として使われた白い磁器をはじめ、刷毛目（→p.97）や三島（→p.91）、粉引など素朴なうつわがつくられました。白と清潔さを重んじる儒教の文人趣味ゆえか、色絵はありません。侘び寂びに通じる風流な趣は、今も日本人の陶芸作家の憧れ。李朝からインスパイアされ、写しを試みる作家は多いのです。p.88でご紹介している高麗美術館では、李朝のうつわの多彩なコレクションを見ることができます。

素朴な李朝のうつわ。重ねて焼く時に、くっつかないよう皿の間に小さな土の塊を置いた跡、「目跡」が見所(p.56 尾杉商店)。

古染付（こそめつけ）

白地に藍色で文様を描く染付に、「古染付」と呼ばれ珍重されるうつわがあります。これは「古い染付」ではなく、江戸時代初期の日本の茶人によるオーダーによって中国の明末～清初に中国景徳鎮で焼かれた染付のことです。茶人好みの、素朴な造りや文様が特徴ですが、当の中国人はこれを好まなかったのか、現地に古染付の遺品は残っていません。

珍しいモダンな古染付。高台には窯でついた砂が貼りついている(著者私物)。

3 章

民藝と
生活雑貨の店

うつわと、うつわをめぐる暮らしの中に、手仕事のくつろぎを。いつの世も愛される「用の美」を、それぞれのスタイルで提案するショップをご紹介。

李朝の白磁、韓国のデンデンギの木籠など (p.68 Kit)

沖縄・北窯のやちむん
「やちむん」は沖縄の方言で"やきもの"のこと。大皿4,500円、水玉の小皿1,200円など、どれも伝統的な柄。

ロク ［聖護院］

全国の産地から、民藝のうつわをモダンリビングに届ける

熊本の小代焼ふもと窯、沖縄の北窯、鳥取の延興寺窯、そして大分の小鹿田焼……。民藝ファンにはおなじみのやきものですが、店主が自ら産地へも赴き、使い心地を確かめた上で選ぶこの店のうつわたちは、地方窯のちょっと重たいイメージと違って、普段のテーブルとなじむスッキリした色・かたち。仕入れも頻繁で、そのたびにディスプレイも変わり、いつ訪ねても新鮮な顔ぶれの中で品定めができます。土地のうつわの健康的な美しさを、気持ちよく紹介してくれる店です。

MAP 10 （p.108）
京都市左京区聖護院山王町18
メタボ岡崎101
☎075-756-4436
11:00〜19:00 水曜休（祝日は営業）
www.rokunamono.com

三重・でく工房のガラス
サイダー瓶を再生した薄グリーン色が魅力。モールガラスのショットグラス1,500円〜。

鳥取・延興寺窯
シンプルなかたちに黒や藍などの艶やかな釉薬が映える。角皿小1,800円、大4,000円ほか。

1 各地の窯元の急須（5,500円〜）が揃う。手前は島根の温泉津（ゆのつ）焼、森山窯5,800円。　**2** 小鉢は人気の高い小鹿田焼1,200円、湯呑み1,100円。　**3** こちらも森山窯のピッチャー15,000円。イギリスのカントリーポタリーのような趣き。

Kit [キット／河原町丸太町]

作る人、使う人の間をとり持ち
ものの自由な楽しみ方を伝える場所

古道具や衣服やうつわ。現代の作品、プロダクト……と、幅広い品がセレクトされています。うつわなら中本純也さんの白磁に、佃眞吾さんの木器のような作家作品、そこに韓国やオランダの古い雑器も並ぶといった具合。ショップは昭和の小さなビルを改装していて、特定の時代や国の特徴、テイストに捉われない雰囲気。品揃えと同様の、ものを見る眼を自由にしてくれるような心地よさがあります。作り手の想いや、ものの楽しみ方を、使い手が自分なりに考えられるように手渡してくれる場所です。

3 章　民藝と生活雑貨の店

碗／中本理詠（和歌山）
ぽってりとした風合いに和める。夫婦で和歌山に工房を構える作家の半磁器の碗（中央）3,000円、右は粉引。

木器／富井貴志（新潟）
蓋付きでうつわや食べ物を入れて重宝。14,000円。茶壺（ちゃふう・中国茶の急須）は中本純也（和歌山）の作。8,000円。

漆器／臼杵春芳（京都）
自ら漆を掻き、木地を挽く作家による、素朴な手ぐりの椀。高台に付けられた、ざっくりした削りがアクセント。10,000円。

古い李朝白磁の壺と民具の籠が、明るい棚にとけ込むディスプレイ。この店のプレゼンテーションは、古いものを骨董という枠から解放して、ものとしての美しさに直接ふれさせてくれる。

左上は、ヴィンテージのフランスのピッチャー17,500円。庶民の家庭で使われていたものらしく、赤いラインに量産品らしさが。手前中・右は、中本純也の焼締マグカップ、小皿など。

ポット／郡司康久（栃木）
土瓶としても、ピッチャーやポットとしても活用でき、直火にかけることができて便利。素朴な灰釉が温かい。10,000円。

MAP 1　(p.103)
京都市上京区信富町299
☎075-744-6936
11:30〜19:00　無休
http://kit-s.info

㊜古谷宜幸（滋賀）佃眞吾（木工・京都）
yuuku（金属器・東京）
㊝1階でうつわや食のイベントを随時開催

ちせ ［北白川］

ものづくりの仲間が集まった
小さなショップギャラリー

手づくりジャム・アクセサリー・陶磁器を作る仲間で立ち上げた、小さなお店です。細い階段を上った2階で展示会を開催したり、うつわを展示しています。うつわには、だまし絵のような絵付、無国籍な絵柄、不思議な釉の風合いなど、ディテールにそれぞれの作家ならではのテクニックや遊び、主張が表れていて、作り手発信のショップらしい目利きが感じられます。食べ物でもうつわでも、人を和ませ楽しませるものを。それが、この店が選ぶ品の共通点です。

MAP 20 （p.109）
京都市左京区北白川別当町28
☎075-746-5331
11:00～18:00（土日祝～19:00）　木曜休
http://chise.in

作 大井寛史（京都）河上奈未（京都）
　 竹中悠記（ガラス・鳥取）
展 アクセサリー・洋服・うつわなどの企画展を
　 毎月開催

出土品のような風合いの、茨木伸恵（岐阜）のピッチャーやマグカップ。2,700円～。

3 章 | 民藝と生活雑貨の店

1 明るい2階のギャラリー。定期的にアクセサリーや服などの展示会を開催し、それ以外はうつわを常設。 **2** 丹波立杭(兵庫)のコウホ窯、市野吉記の安南(→p.91)写し角皿6,200円。ベトナムの古いうつわの素朴さを写しつつ、かたちは使いやすく。何を盛ってもおいしそう。 **3** 芦田尚美(京都)の蕎麦猪口3,200円ほか。右は、外側にボーダー、内側に山並みのラインが描かれている。だまし絵風のユニークなデザインで、和にも洋にも使える。

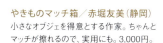

やきものマッチ箱／赤堀友美(静岡)
小さなオブジェを得意とする作家。ちゃんとマッチが擦れるので、実用にも。3,000円。

スリップウエア／山田洋次(滋賀)
生乾きの化粧土の上に、泥(スリップ)を絞り出して描くスリップウエア(→p.93)のオーバル皿。使いやすく、シックなデザイン。3,600円。

ボウル／諏佐知子(新潟)
東欧のやきもののような色彩のボウルたち。ステンシル(切り紙)の絵付はシンプルで、立体感ある独特の風合い。3,000円〜。

071

1 こっくりとした飴釉を使いながら、スッキリとしたデザインの近藤康弘(栃木)のうつわ。ポット6,000円ほか。 2 しっかり使える沖原沙耶(山梨)の竹のカトラリー。2,296円〜。

左：森谷和輝(福井)の吹きガラスのカップ。耐熱性2,500円。
右：小塚晋哉(京都)の桜材のボウル。5,500円。

刷毛目が味わい深い叶谷真一郎(兵庫)の蕎麦猪口1,800円、前田美絵(栃木)のミルクピッチャー1,500円。

テノナル工藝百職

［てのなるこうげいひゃくしょく ／ 聖護院］

食もうつわも、手の仕事
民家で伝える暮らしの美のメッセージ

店があるのは路地奥の民家。靴を脱いであがると、懐かしい雰囲気に包まれます。「分かりにくい場所にあるぶん、個性的に」と店主が心がける品揃えには、うつわからザルやホウキ、手仕事の存在感あるものばかり。焼菓子を食べる会やお料理の会など、うつわを使うイベント、定期的にパンを販売する日もあって、「うつわも食も、同じ手づくりの表現」というお店のメッセージが伝わります。

MAP 10 (p.108)
京都市左京区聖護院川原町11-18
☎075-200-2731
11:00〜18:00
火・水曜休 ※展覧会時は変更あり
http://hyakushoku.petit.cc

作 髙木剛(京都)勢司恵美(竹・茨城)
展 イベントや個展を随時開催

アフガン皿
アフガニスタンの陶器皿。一つとして同じ文様のない素朴な絵付。現地では煮込み料理を食べるための深さのあるかたち。φ16cm 1,600円。

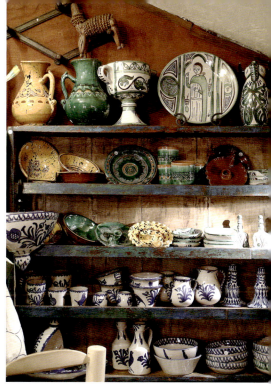

パキスタンのホウロウ
現地の工房にオーダーした、パステル系あり、ビビッド系ありのカラー展開。ムラになっていたりするのもかわいい。マグカップ450円、プレート350円。

スペインの陶器
くっきりしたグリーン、ブルーの絵付が、明るくエキゾチック。上段左：ピッチャー13,000円、右：壁掛け絵皿20,000円。

グランピエ丁子屋

［ぐらんぴえちょうじや ／ 京都市役所前］

一つひとつ表情が違う
世界の民藝うつわがずらり

アジアやヨーロッパの民藝品がひしめく中に、世界各地で作られた日常のうつわが並びます。イランの吹きガラス、パキスタンのカラフルなホウロウのうつわなどは、お店から現地の工房に色、サイズをオーダーしたオリジナルで、土産物とは全く違う使いやすさ。作り手の「手」の跡、現地の生活の匂いまでが感じられる品々には雑器の力がみなぎっていて、食卓の楽しいスパイスとなります。

現地のマーケットに迷い込んだようなにぎやかな店内。

MAP 1 （p.103）
京都市中京区寺町二条上ル常盤木町57
☎075-213-1081
11:00〜19:00　無休
www.granpie.com

作　石川雅一（栃木）
展　年に数回、国やアイテムをテーマに企画展を開催。やきものの展示も

茶器／田中茂雄（奈良）
奈良・明日香の工房で、原始的な穴窯で焼かれた、焼締の急須7,000円と汲出し3,600円。焼締は冬のイメージだが、夏は濡らすと、美しく涼しげ。

台鉢／田鶴濱守人（愛知）
李朝のうつわに影響を受けて作陶する作家。台鉢（→p.92）は李朝白磁の人気アイテムだが、高さ・大きさのバランスがよく使いやすい。7,000円。

ポット／伊藤聡信（愛知）
白磁や色絵で、古いうつわの文様や色の愛らしさを表現する作家。ぽってりとした大ぶりのポットに、安南の染付のイメージが添えられている。15,000円。

MAP 21　(p.109)
京都市下京区燈籠町589-1
☎075-352-2428
12:00〜日暮まで（喫茶室LO17:00頃）
水・木曜休
http://kitone.jp

作 井山三希子（東京）岡田直人（石川）山口和宏（木工・福岡）
展 年に4〜5回企画展開催。食や手仕事のワークショップもあり。※喫茶室併設

木と根　［きとね／烏丸松原］

くらしに生命感をあたえる
大地の香りの土のうつわ

古いビルの1階、レトロムードな空間の中に、シンプルなやきものとガラス、布、木のテーブルウエアや生活道具が並んでいます。うつわは、店主のお付き合いのある作家さんのもので、ほとんどがシンプルな土もの。そこに、李朝の民具なども混じっています。「木と根」という名前どおり、大地とその養分をしっかり受けとめたように、素朴で健康的。それがこの店の品の持ち味です。

3 章 ｜ 民藝と生活雑貨の店

トリバザール

［河原町丸太町］

日本とアジアの台所をつなぐ
うつわとキッチンツール

鴨川に近い住宅街、生活感に包まれた中にひっそりと佇むお店。再生ガラスの微妙な青み、小鹿田焼のどっしりした素朴さ、バリやインド、タイのステンレス調理器具の軽さとしたたかな強さ。生まれた場所を問わず、実用の中で生き生きと輝く生活のうつわたちです。ザルや籠、ホウキなどの小物も充実していて、台所まわりの手入れや収納までを心地よく楽しめるツールが揃います。

MAP 1（p.103）
京都市上京区東三本木通丸太町上ル中之町496
☎075-231-1670
12:00〜19:00（1・2月は〜18:00） 木曜休、日曜不定休
http://torybazar.jp

馬場勝文（福岡）小沢賢一（木工・福島）

左側は小鹿田焼。江戸中期から大分県の小さな集落で焼かれ続けてきたうつわ。飛びカンナ（→p.97）による模様がアクセント。カップ2,160円。

よしざわ窯（栃木）
マットなパステルカラーが特徴の益子焼の窯元。食べ物を盛ると意外ななじみ色。カップ1,728円、プレート1,728円。

075

4章

うつわもおいしい カフェと料理店

うつわレッスンの何よりの教科書は、うつわ上手のカフェと料理屋さん。真似したいのは、型にはまらないリラックスした使いこなしと、おいしい愛し方。

ごま豆腐のあんかけ・ポテトサラダ
×
岡晋吾（佐賀）のうつわ

李朝や古いうつわの風合いを、自在に作品に表現する岡晋吾。古色の味わいがありつつ清々しい染付は、料理人にもファンが多い。辰砂（しんしゃ・赤色釉）がアクセントの染付に、自家製マヨネーズとレンズ豆入りのポテトサラダ、緑釉が鮮やかな鉢には、香り高いおだしを味わうあんかけを。

おでん
×
加藤幸治（京都）の鉢

湯気をふんわり立ち上げる見込み（内側）の深い鉢に、おだしたっぷりの京風おでんを。整ったかたちの鉢の緊張感に、ゆるい網目のコンビネーションが魅力。

あえて和洋に使える皿で和食とうつわのモダンさを再発見

仁和加 ［にわか ／ 京都市役所前］

スッキリした作家もののうつわで
肩のこらない和食を

若いご夫婦で営むカウンター8席の和食店です。魚や野菜、季節の食材を、炭火焼や天ぷらなどで食べられる割烹的なスタイル。おでんや炊き込みご飯もある、肩のこらないお品書き。そのシンプルな料理をさりげなくサポートするのは、同じく飾り気が控えめでシックな現代作家のうつわたち。「工房まで訪ねるほどのファン」という岡晋吾さんのうつわのほか、ご主人と同世代の若手作家の作品もチョイスした取り合わせは、軽やかでリラックスできます。

MAP 1（p.103）
京都市中京区押小路通御幸町西入ル
橘町609
☎075-708-2923
17:00〜23:00（22:30LO） 水曜休
www.facebook.com/niwaka31/

※ポテトサラダ500円〜。おまかせも可

4章　うつわもおいしいカフェと料理店

ぐじの塩焼
×
黒木泰等(京都)の丸皿

リムの鎬と緑の鉄釉のアクセント、ほんのりブルーグリーンに見える灰釉は、和でありながら洋食にも使える軽やかさ。京料理店の定番・ぐじの塩焼を、なんとも新鮮に盛り付け。

日替りの前菜
×
黒木泰等(京都)の豆皿・小鉢

突出しとして出される日替りの前菜にも、黒木泰等の作品が。石上・織部釉のハート形の鉢に水菜とおあげ、手前の小皿は鯖寿司。左上のガラスの小鉢はズイキのゴマ酢和えを。白木の折敷(おしき)にスッキリと映える。

1 河原町に近い街中ながら、静かな押小路通に暖簾を掲げる。　**2** メニューはカジュアルなのに、カウンター8席だけの、ゆとりの居心地。1人でもゆっくりできる。複数人で出かける時は予約をどうぞ。

079

全体をきゅっと引き締める黒の隅切盆は中村漆器(長野)のもの。布目で立体的に表現された、縁起もののひょうたんがアクセント。

本日のお食事
×
作家もの&古いうつわたち

白山陶器(長崎)の飯碗のコレクションは柄違いで18枚。この日のご飯はタコと三葉入り。朱塗の盃にトウモロコシのテリーヌと万願寺唐辛子、ガラスの小皿に車麩の煮浸し、田中俊介(埼玉)の真鍮の片口に枝豆のしょうゆ漬け、「天神さんで見つけた」網文様の角皿にナスの田楽グラタンを。メニュー1,500円(ドリンク・デザート付き)。

まつは ［京都市役所前］

うつわ好き姉妹のコレクションが折敷の上に描く、愛らしい世界

町家を改装し、自然光が入る空間にゆったりと客席を配置したカフェです。一枚の折敷の上に、うつわ好きの姉妹の眼を通して選ばれた、さまざまなキャラクターのうつわたちが仲良く並びます。古いものと作家もの、常連客の作家がつくる漆器も。「本日のお食事」は、おひつで保温したふかふかのご飯と一汁三菜で季節の食材を少しずつ。丁寧にととのえた献立に、大切に集めたうつわがぴったりと寄り添い、食とうつわの、愛らしくも幸せな関係が描かれます。

すもものサラダ
×
山形の漆皿

グリーンと黒の漆で、ユニークな技法を用いて塗られた皿。古いものだが、狂いのないしっかりした木地で、和にも洋にも活用。メニュー700円。

MAP 1 (p.103)
京都市中京区二条通富小路東入ル晴明町671
☎075-231-7712 10:00～22:00 月曜休
www.matsuha225.com

※コーヒー400円、パウンドケーキ500円～、子持ちシシャモのオイル漬け300円(価格はすべて税込)
※毎月最終土曜日は「おふく市」(マーケット)開催。営業10:00～18:00、メニュー変更あり

4章 うつわもおいしいカフェと料理店

うつわと肴、とりどりに お酒も楽しくなる

ダイキリ × ヴィンテージグラス
ヴィンテージグラスのコレクションで、お昼の営業時間からお酒を楽しめる。メニュー900円。

チーズ盛り合わせ × 清水焼の角皿
陶器まつり(p.28)で買った清水焼。スキのないクラシックな和のデザインにチーズを盛りつける洒落た使いこなし。メニュー700円。

1 若手女性作家、七理摩弓(京都)の徳利。持ち心地がとてもやわらかで注ぎやすい。
2 同じく京都の若手、大江志織の片口と盃。つるつるのテクスチャーは、気持ちいい手ざわり。お酒の風味がひと味、変わる。

日本の古き良き時代のうつわを、使って、見立てて

1 古い赤九谷のカップ&ソーサー。緻密な絵付に往年の職人芸を堪能。
2 軽やかで使いやすい紙胎(したい→p.91)の漆皿は、後藤政弘(京都)の作品。 3 デコラティブな清水焼も、模様に注目すればかわいく見えてくる。ホットチョコレートの容器に。

姉妹自ら改装を手がけた店は、控え目で上品な外観。小上がりとテーブル席をゆったり配置。離れもある。

081

メメント モリ ［岡崎］

一点ずつ違うデザインのうつわが
食をカラフルに彩るパレットに

店のうつわにはひとつとして同じものがなく、その半数がオーダーした作家もの。定番の「ごはんプレート」も、一枚ずつ違うデザインの大皿に盛り込みます。色、風合いさまざまな釉薬の掛かったうつわの上に小皿も重ねて、彩りよく盛ったおかずは、眼にお腹に豊かな気分。食後のコーヒーが、個性的なコレクションの中からどのカップに注がれるか期待して待つのも楽しい。自然光がたっぷりと入る明るい店内は、うつわと食のクリエイションが出会うアトリエのよう。

MAP 10 （p.108）
京都市左京区岡崎西天王町84-1
☎075-752-2264
11:30～19:00　火曜休、不定休あり
http://mementmori.net

※コーヒー450円、ガトーショコラ500円
　（価格はすべて税込）

ザ・カップギャラリー

1 丹波焼の窯元で修業した阪本健（大阪）の、複雑な釉調が見飽きないボウル。　**2** 福島一紘（三重）の湯呑み。伊賀焼のキャラクターであるビードロ釉（→p.91）の豪快な流れ。

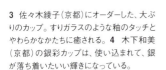

3 佐々木綾子（京都）にオーダーした、大ぶりのカップ。すりガラスのような釉のタッチとやわらかなかたちに癒される。　**4** 木下和美（京都）の銀彩カップは、使い込まれて、銀が落ち着いたいい輝きになっている。

チーズケーキ シブースト仕立て
×
竹内玄太郎（京都）のプレート

スイーツの皿も一枚ずつが個性的。こちらはチーズケーキのふわふわの食感と、メタリックな釉調のプレートのコントラストが際立つ。メニュー500円。

4章　うつわもおいしいカフェと料理店

ごはんプレート
×
オリジナルの大皿

たっぷり5〜7種類のおかずが盛り込まれた、直径30cmのプレート。この日のメニューは鶏のトマト煮込み、キュウリの白和え、大根と人参のゴマ和えなど。メニュー1,100円（1日20食限定）。

毎日変わる主菜と
個性豊かな
プレートとの一期一会

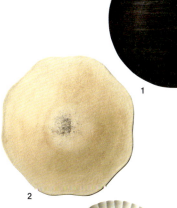

2

1

3

1〜3　京都の「うつわhaku」(http://utsuwahaku.strikingly.com)がオリジナルで作ったプレート。漆黒の一枚から素朴な土見せがポイントになったデザイン、温かいクリーム色まで。同じサイズで全く異なる世界観が展開される。

4

5

4　デザートプレート。黒木泰等（京都）の、鱗のように端正な鎬の白磁皿。5　小代焼瑞穂窯の福田るい（熊本）の皿。鎬に掛かった白釉がクリームのよう。民藝のうつわとホームメイドのスイーツの相性は最高。

083

黒蜜のピッチャーは、猿山修(東京)プロデュース。きな粉は山口利枝(鹿児島)の蕎麦猪口に。キャラクターの違う作家ものの取り合わせが見事。

特製くずもち
×
西村圭功の「天雲 炭研ぎ皿」

上塗りをせず、炭研ぎという工程で仕上げた、マットなテクスチャーの漆器は、京都の塗師がプロデュースする、モダンなスタイル。手に持って驚くスムースな触感とくずもちのなめらかさは、忘れられない印象に。メニュー800円(飲物セット1,500円)。

ZEN CAFE　［ゼン カフェ ／ 祇園］

新鮮なうつわのプレゼンテーションは
若手作家の「使えるギャラリー」のよう

和菓子の老舗「鍵善」が、「和菓子のある風景」を現代的なセンスで演出するカフェ。カウンター席からのぞむ坪庭、季節の花。北欧家具や洋書や書画をあしらった空間は、上質の寛ぎに満たされています。うつわとしつらえは、同じ建物にある「昂－KYOTO－」(p.46)との共同ディレクションで、若手作家にオーダーした品とアンティークを絶妙にとりまぜたコーディネート。旬を大切に、人を新鮮な驚きでもてなすという和菓子の世界観が、うつわのプレゼンテーションにも体現されています。

MAP 8 (p.105)
京都市東山区祇園町南側570-210
☎075-533-8686
11:00～18:00 (17:30LO)
月曜休(祝日の場合は翌日休)
(和菓子ショップ併設 10:00～18:00)
www.kagizen.com/cafe/

※ほうじ茶600円、上生菓子600円～
(飲物セット1,200円～)

4章　うつわもおいしいカフェと料理店

人気の若手作家のお誂えによる、コラボレーション

辻村唯(奈良)の豆皿。ラフな自然釉(→p.91「ビードロ釉」参照)が、季節の干菓子の繊細さを受けとめる。

コーヒー　×　岸野寛(三重)のカップ＆ソーサー

伊賀で作陶する作家。志野や井戸、高麗など古いうつわを新鮮な感性で写して人気だが、オーダーで作ってもらったカップは鎬もシャープでスタイリッシュ。メニュー800円。

お茶のうつわも作家ものの個性を手でふれて味わう

紅茶　×　村田匠也(京都)のティーセット

端正な青磁を手がける若手作家に、一人用サイズのティーセットをオーダー。紅茶の色と青磁のブルーが調和する。メニュー700円。

1

2

3

4

1 重みと感触が手にやさしい辻村塊(奈良)の湯呑み。**2** 辻村史朗(奈良)の汲出しは、くず湯や冷やし汁粉のうつわとしても登場する。

3,4 ランダムな輪線がかわいい浅井庸佑(滋賀)の湯呑み。店で使われているうつわは、「昂－KYOTO－」で購入または注文ができる。

うつわの美術館＆ギャラリー
《美術館》

館内へは靴を脱いであがります。和のしつらいの中でゆったりと樂家の名品と対面。

樂茶碗の基本は、赤と黒

初代・長次郎が生み出した樂茶碗は赤樂と黒樂の二色だけ。樂茶碗の基本はこの二色といわれています。次代へ釉薬の調合を伝えない樂家において、各代が赤と黒をどう表現しているか見比べるのも、鑑賞のポイントです。

六代左入／赤樂茶碗 銘「カイカウ」
享保18年(1733)に制作した二百碗の「左入二百」の一碗に数えられる作品。

五代宗入／黒樂茶碗 銘「亀毛」
初代・長次郎への回帰を目指した宗入の代表作。かせ釉ぐすりと呼ばれる鈍い光沢の釉薬が重厚なたたずまい。

樂美術館 ［らくびじゅつかん／堀川中立売］

樂家十五代のあゆみ、樂焼450年の歴史にふれる

千利休の侘茶の思想を受け、樂家初代・長次郎によって生み出された樂焼。その後、約450年、十五代にわたって樂焼を継承し、発展させ続けてきた樂家。樂美術館はその樂家に隣接しています。樂家代々が次代の手本となるよう残してきた作品約1200点を収蔵。当代の前衛的な作品はもちろん、各代の試みた表現やオリジナリティが見えてきます。企画展では、テーマに沿って歴代の作品や、茶道工芸美術品、関係古文書などを展示。定期的に、美術館のお茶室で樂茶碗にふれて鑑賞できる「手にふれる樂茶碗鑑賞会」、当代が席主となって行われる「特別鑑賞茶会」も開催されます（ともに要予約）。

MAP11（p.108）
京都市上京区油小路通一条下ル
☎075-414-0304
10:00〜16:30 月曜、展示準備期間休（祝日は開館）
www.raku-yaki.or.jp

※入館料は展覧会により異なる

河井寬次郎記念館

［かわいかんじろうきねんかん ／ 五条］

生活すべてに、健康的な美を求めた「民藝」の世界

民藝運動に賛同した河井寬次郎が、自身で設計し、亡くなるまで過ごしていた住居を公開する記念館。京町家とは違う剛健な古民家は、1階に囲炉裏を囲む板の間、2階に書斎が。家の中の家具の大半は寬次郎がデザインし、使用したもの。シュールな彫刻があると思えば、娘のために彫った猫、丸太を大胆に刳った椅子もあります。やきものだけでなく、心の赴くままにさまざまなものを生み出した寬次郎の尽きない情熱が、そのまま邸内に留まっているようです。中庭奥には陶房が、寬次郎が使っていた状態で残されています。美しい庭をのぞむロクロ場が寬次郎の定位置だったそう。その奥には登り窯。かつて清水一帯にあった登り窯の当時の姿をしのぶ貴重な遺産です。

MAP p.28参照
京都市東山区五条坂鐘鋳町569
☎075-561-3585
10:00〜17:00 月曜休（祝日は開館、翌日休）、夏期・冬期休館あり
www.kanjiro.jp

※入館料 一般900円

白地花手文鉢（1951）
ものを生み出す「手」は、河井寬次郎が好んだモチーフ。鉢を飾る、力強く神秘的なかたちの手。

陶彫 手（1960）
こちらも「手」がモチーフの彫像。プリミティブで、どこか前衛彫刻のようなインパクトが。

碧釉泥刷毛目扁壺（1964）
独特の泥刷毛目技法でモダンな文様表現になっている。

白地筒描文字入り扁壺（1955）
石膏型を用いて制作した壺。扁壺は、平べったいかたちの壺のこと。

暮らしと創作が一体の空間

1 庭に、灯籠がわりに置いた丸い石。寬次郎のお気に入りだったそう。 2 迫力のある登り窯。 3 古き良き日本の美を讃えた民藝の精神がすみずみにまで反映された室内。調度も寬次郎のデザイン。

高麗美術館
[こうらいびじゅつかん ／ 紫竹]

永遠の憧れ、李朝のうつわ

高麗・李朝のうつわをはじめ、漆器、絵画や民具などをコレクションした朝鮮・韓国美術の個人美術館。李朝白磁のゆるやかなかたちと、のどかな絵付は、時代を超えて日本のうつわの美のひとつの指標となっていて、見飽きない魅力があります。現代の作り手にとっても、それは永遠の憧れです。

鉄砂帆船文壺／20世紀初頭
鉄砂とは鉄絵のこと。ユーモラスな絵がほほえましい。

白磁壺／朝鮮時代17世紀後半
朝鮮白磁の白さは、儒教の教え「清廉潔白」を体現する。

青花花蝶文瓶／朝鮮時代19世紀
青花は、日本の「染付」のこと。鮮やかな青(コバルト)で花や蝶を風雅に描いている。

MAP 4 (p.104)
京都市北区紫竹上岸町15
☎075-491-1192
10:00〜17:00 月曜、展示準備期間休(祝日は開館、翌日休)
www.koryomuseum.or.jp

※入館料 一般500円

何必館・京都現代美術館
[かひつかん・きょうとげんだいびじゅつかん ／ 祇園]

北大路魯山人のコレクションを常設

日本有数の北大路魯山人の作品のコレクションを、常設の作品室で展示しています。さまざまなうつわの技法を自在に駆使するセンスで「料理のためのうつわ」を創作した魯山人の作品は、思わず「盛りつけ」を想像してしまう、おいしいうつわです。年に数回、企画展も開催。

ビルの5階に美しい庭。お茶室にも作品展示が。

北大路魯山人「つばき鉢」(1938)
直径40cmある楽焼の大鉢で、すべて一筆で決められている花弁の大胆さと、ふっくらしたうつわの曲線の対比が美しい。

MAP 8 (p.105)
京都市東山区祇園町北側271
☎075-525-1311
10:00〜17:30 月曜、展示準備期間休
www.kahitsukan.or.jp

※入館料 一般1,000円

うつわの美術館＆ギャラリー
《ギャラリー》

海外での評価が高い作家の作品も多数。湯呑み、ぐい呑みからオブジェまで、手頃な価格の作品も。

ロバート・イエリン やきものギャラリー

［銀閣寺］

アメリカ人コレクターから教わる日本のやきもの世界の奥深さ

アメリカ人の陶芸愛好家、ロバート・イエリンさんが、銀閣寺のそばの古民家の自宅を開放してコレクションを展示販売する、やきものギャラリーです。日本の酒器を紹介した著作もあるイエリンさんが全国各地に赴き、作家と交流して集めた作品は、桃山時代の古備前の壺から現代陶芸のオブジェまで、バリエーション豊富。とくに土もののラインアップには愛好家らしい好みが反映されています。

茶碗／市野雅彦（兵庫）
存在感ある姿の白丹波茶碗。造形感覚にすぐれた現代作家。

MAP 20 （p.109）
京都市左京区銀閣寺前町39
☎075-708-5581
10:30〜17:00 不定休（※来店前に要確認）
www.japanesepottery.com/japanese-info.php

作 林香君（栃木）加藤隆彦（滋賀）

艸居　[そうきょ／祇園]

現代美術としての、陶オブジェとうつわ

やきもののオブジェを、アートとして紹介するギャラリー。近代以降、京都が牽引した前衛陶芸をはじめ、世界にも例を見ない造形レベルに達する日本のやきものの現在を、企画展と常設スペースで展覧する。オブジェが中心ながら、造形的なうつわも扱っていて、うつわ好きの料理人からも注目されている。

MAP 8　(p.105)
京都市東山区元町381-2
☎075-746-4456
10:00〜18:30　月・火曜休
www.gallery-sokyo.jp

作 加藤委(岐阜) 川端健太郎(岐阜) 木野智史(京都)

1 深見陶治(京都)のぐい呑み46,000円。2 このスペースのほか奥に企画展示室がある。3 小品やうつわは引き出しに。手前は山口真人(愛知)の織部皿7,000円。

清水志郎展の展示風景。1 茶盌のほかぐい呑みも展示。2 岩倉や貴船の黒石で作った釉薬を掛けた引出黒、京都各地の土を穴窯で焼成した作品も並ぶ。

陶 翫 粋　[とうがんすい／寺之内]

茶盌というミニマムな表現を探求

茶の湯に縁の深い地・寺之内に、「茶盌」に特化したギャラリーとしてオープン。「十盌(わん)」をテーマに企画展を開催し、作家それぞれの造形表現を見る。茶盌という日本独特のうつわに込められた精神までを鑑賞。小さな空間に集中することで、そこに宇宙を見ることができるのが、うつわの別格・茶盌の面白さ。

MAP 6　(p.105)
京都市上京区堀川通寺之内上ル下天神町653 エクセル堀川1F
☎075-366-8719
12:00〜19:00　火・水・木曜休
www.gansui.gallery

作 丸田宗彦(佐賀) 古谷宣幸(滋賀) 笹山忠保(滋賀)

もっと知りたい！うつわのことば
〜うつわとの関係を一歩深める用語集〜

[技法]

安南（あんなん）
ベトナム（安南）で焼かれる陶磁器の総称。中国を経由して伝わった染付が主だが、文様がぼけた感じで流れて見えるものを風情として見ることが多い。

三島（みしま）
「三島手（みしまで）」とも呼ばれる、朝鮮半島から伝わった技法。細かな線や花の文様が、かつて三嶋大社が頒布していた暦に似ているためこう呼ばれた。素地に型押しやヘラ、櫛で文様を入れ、そのくぼみを白土などで埋め込んで作られる。

鋳込み（いこみ）
石膏型に泥漿（でいしょう・粘土と土を混ぜたもの）を流し込んで、型から抜いてつくる手法。18世紀フランスのセーブル窯で発明された。

呉須（ごす）
染付に用いる、酸化コバルトを主成分とする青色の顔料。

紙胎漆器（したいしっき）
漆器の製法の一種。木の代わりに和紙を何層にも貼り重ねたものをうつわの土台とする。

ビードロ釉（ゆう）
伊賀焼の特徴でもある、燃料の薪の灰が降り掛かった自然の釉薬（自然釉）で、ガラス質の青緑色に発色する。釉薬を掛け、人工的に作るものもある。

薪窯（まきがま）
薪を燃料とする焼成窯。火入れから窯出しまでは、数日から2週間かかることも。ガス・電気などさまざまな燃料があるが、薪や藁の灰が天然の釉薬となって独特の味わいが出るのは、薪窯ならでは。

穴窯（あながま）
日本で古くから伝わる窯の一種で、薪を燃料として焼成する。地中を掘り抜いたものと、山腹の傾斜地に溝を掘り込んで石や粘土で固め、天井を築いて土を被せたもの（登り窯）がある。

蹴ロクロ（けろくろ）
陶磁器を成形するロクロ（回転円盤）の一種。駆動用の円盤の縁（ふち）を足で蹴って回転させる。

[陶芸全般]

曜変天目（ようへんてんもく）
天目茶碗（鎌倉時代に渡来した、中国の浙江省天目山で使われていた茶碗）の一種。黒釉地に小斑文（はんもん）が散在し、そのまわりが青銀色の光沢を放つ。現存するものは4点しかなく、そのすべてが日本にあり、3点が国宝、1点が重要文化財に指定されている。

井戸茶碗（いどちゃわん）
16世紀頃に朝鮮半島から渡来した高麗茶碗と呼ばれる茶碗の一種。素朴な風情が、日本で侘茶の道具として愛された。

六古窯（ろっこよう）
瀬戸・常滑・越前・信楽・丹波・備前。中世から現在まで続いている日本古来の6つの窯の総称。陶磁研究家の小山冨士夫による呼び名で、途中途絶えた窯もあり、中世の窯が6つ

しかないということではない。

上手（じょうて）
精巧に作られ、仕上がりも上出来なもののこと。「上手もの」とも。下手（げて）は、その反対だが、粗雑さには味わいもある。

［うつわの名称］

汲出し（くみだし）
縁の広い湯呑みを指すこともあるが、本来は茶会の席入りの前に、白湯や香煎をいただくためのうつわ。

振出し（ふりだし）
茶道具のひとつで、干菓子の金平糖を入れるうつわ。小さな口から振り出して使うため、こう呼ばれる。

向付（むこうづけ）
懐石料理でお膳の向う側に置くうつわ。コースの最初に出されるため印象が強く、趣向が凝らされる。「のぞき向こう」は筒型のうつわ・または深さのある皿のこと。のぞくように箸を入れることからこう呼ばれる。

台鉢（だいばち）
広い台脚をもつ鉢で、元は捧げ物を乗せる祭器として作られた。李朝では素朴な白磁で作られ、日本では、華やかな絵付を施し、懐石の盛り込み鉢として用いられるものもある。

梅瓶（めいびん）
口が小さく肩が張り、裾がすぼまった陶磁器。中国で誕生したもので、主に酒瓶として用いられた。

［産地・ブランド］

粟田焼（あわたやき）
京都で清水焼以前に栄えていた、京焼を代表する伝統的な窯。卵色の生地に絵付が施され

ているのが特徴。明治期には、細密な薩摩の手法を取り入れて、輸出の黄金期を迎えた。

九谷焼（くたにやき）
江戸時代より今の石川県で作られてきた磁器のこと。江戸初期の古九谷、幕末の九谷（再興九谷）に大きく分けられる。大聖寺藩（石川県）の藩命で、肥前有田の技術を導入したのが古九谷といわれるが、焼かれたのは有田という説も。この窯がいったん廃窯し、京都から木米や永樂など名工を招いて再興されたのが再興九谷。五彩や赤絵などが特徴。

オールドノリタケ
日本陶器（現・ノリタケカンパニーリミテド）が明治期から戦前までに製造し、主に欧米に輸出した陶磁器のこと。花瓶などの装飾品と洋食器が主体で、芸術的な絵付や繊細な細工などで知られ、今もコレクターが多い。

［人物］

野々村仁清（ののむらにんせい）
江戸初期頃から京都で活躍した陶工。艶やかな色絵陶器で茶道具を制作し、茶人に引き立てられた。着物のデザインにも通じる雅なセンスの

「仁清写し」のうつわの例。京焼の名工・久世久宝の作（「和ごころ泉」(MAP9 p.106)所有）

色絵は、京都のやきもののイメージの典型として、今も数多く写されている。

尾形乾山（おがたけんざん）
野々村仁清に手ほどきを受けて作陶を始め、元禄12年（1699）、京都の鳴滝に窯を開く。世界のやきものを研究する一方、兄である画家・尾形光琳とのコラボレーションで、大胆なデザイン性をやきものに持ち込んだ。

北大路魯山人（きたおおじろさんじん）
1883〜1959年。京都生まれ。書や篆刻、料

理、陶芸など多彩なジャンルで活躍し、美食の道を極めた異才の芸術家。美食倶楽部、星岡茶寮などの料亭を営み、料理に適した食器を求めて、さまざまな古陶を再現するうつわをプロデュースした。何必館・京都現代美術館(p.88)で、コレクションを鑑賞できる。

[西洋のうつわ]

シェーカー・デザイン
19世紀にアメリカのシェーカー教徒が手がけた家具や生活道具のデザイン。質素・勤勉に徹し、無駄をそぎ落としたシンプルなフォルムが特徴。曲げわっぱに似た構造の「シェーカーボックス」は人気アイテムのひとつ。

スリップウェア
「スリップ(泥漿)」を化粧掛けして文様を描いたうつわ。スリップを墨流しや羽状紋にする方法と、イッチン風に絞り出して文様を施す方法がある。

デルフト
中国や伊万里の染付に影響を受け、17世紀にオランダのデルフトで始まったやきもののこと。磁器ではなく、スズ釉薬を上掛けして焼成することで磁器のように硬質な表面を模した。「デルフト・ブルー」と呼ばれる青い絵付は、日本の茶人も愛好した。

ファイヤーキング
アメリカ・オハイオ州にあるアンカーホッキング社の耐熱ガラスブランド。特に1941〜86年(ブランドの刻印があるのは76年まで)の間に「ミルクガラス(乳白色の半透明ガラス)」で生産された商品は、コレクターアイテムとして人気。

[その他]

民藝運動
大正15年(1926)に柳宗悦・河井寛次郎・濱田庄司らによって提唱された文化運動。名も無き職人の手から生み出された日常の生活道具を「民藝(民衆的工芸)」と名付け、美術品に負けない美しさがあると唱え、美は生活の中にあると呼び讃えた。

FAQ 〜よくある質問に答えます〜

Q 「写し」ってコピーのこと?

この本で何度か登場した「写し」ということば。「写し」は、先人の名作をなぞる創作のスタイルのこと。しかし、ただそっくりに写すのではなく、その上に自分の創造を重ねることで、「コピー」ではなく「写し」となります。作家のオリジナリティを重視する西欧にはない価値観です。歴代の名人も写しを手がけ、それが日本の陶芸技術の継承と発展につながってきました。ちなみに、金襴手(で)、三島手(で)など「手(て・で)」と呼ばれるものは、ある定番の姿や模様を踏襲してつくったスタイルを指します。

村田森(京都)による
古染付の写し。

小川哲男(佐賀)による
三島手(→p.91)の徳
利。朝鮮から伝わった
技法を踏襲している。

うつわ基礎知識

知るほどに楽しい！うつわの基礎入門

1 うつわの素地は、大きく3種類

うつわの素地は、大きく分けて陶器、磁器、焼締の3つ。陶器は「土もの」と呼ばれ、吸水性のある陶土を使って焼かれ、不透明でぽってりした厚みがあり、表面には通常、釉薬と呼ばれるコーティングが施されます。釉薬を掛けない陶器が焼締。その名の通り堅く焼き締まったやきもので、土の味わいを楽しむうつわです。これに対して、磁器は石の粉末でできた磁土を使って焼かれて「石もの」とも呼ばれます。性質は硬く、指で弾くと金属質の音がします。いわゆる「瀬戸物」はこの仲間です。牛の骨灰を混ぜてつくられるヨーロッパ発祥の「ボーン・チャイナ」も磁器の仲間。磁器と陶器をミックスした半磁器もあります。

陶器　温かみと変化を楽しむ

「土もの」と呼ばれる陶器は、持つとほどよい重みがあり吸水性があるため、年月がたって表面に貫入(→p.101)が現れるのも味わいです。

← 土もの →

焼締　素朴な土の味わい

釉薬を掛けない焼締は、土本来の素朴な「土味」や水を含むと艶が出るのが見どころです。自然釉、炎の描いた偶然の文様を楽しむものもあります。

磁器　硬質でクールな表現

「石もの」と呼ばれる磁器は、なめらかで、薄いものは光を透かすクールな質感のうつわです。吸水せず、貫入（釉薬の割れ）は入りません。

石もの →

2 さまざまな釉薬が表情を描きます

「うわぐすり」とも呼ばれる釉薬は、陶磁器の表面を覆うガラス状の被膜。灰や石からできた基本釉に、鉄や銅などの金属、顔料を加えてさまざまな色彩が生まれます。同じ釉薬でも掛け方、焼き方で発色は変わり、そこが作り手の腕の見せどころであり、手づくりの楽しさ。

志野 しの
長石釉が掛かった日本最古の白いやきもの。無地の志野と鉄で文様を描く(＝鉄絵)絵志野などがある。

織部 おりべ
美濃で好まれた緑色の釉(うわぐすり)。全体に掛けたものを総織部と呼び、絵絵で文様を描くのが絵織部。

黄瀬戸 きせと
淡黄色の黄瀬戸釉に「たんぱん」と呼ばれる鉱物の緑のドットをポイントに。枯れた味わい。

灰釉 は(か)いゆう
窯の燃料の木の灰が掛かってできる自然釉による、不規則な効果が味わい。

鉄釉 てつゆう
灰釉を基本に、酸化鉄で発色させた釉薬。褐色から黒色まで幅がある。

飴釉 あめゆう
鉄釉の一種。鉄分の量が少ないものは褐色で透明感がある温かい色合い。

粉引 こひき
鉄分の少ない白泥で表面を覆う。褐色の土を白く見せるアイデアだった。

白磁 はくじ
白い素地に透明釉または白釉を掛けて、高い温度で焼いたもの。

青磁 せいじ
鉄を含んだ釉薬が酸化することで青く発色。濃淡は掛け方や焼き方次第。

うつわ基礎知識

表情豊かな、うつわのデザインを知る

1 絵付　小さなうつわをキャンバス代わりにして発揮された職人の絵心は、日本のうつわの最大の見どころ。

染付（そめつけ）　白と青のコンビは、最もポピュラーで使いやすいデザイン。生素地または素焼きの素地の上に呉須で下絵を描いて、透明釉を掛けて焼くうつわ。

印判（いんばん）　量産用のプリント技術。文様を彫った版木やゴム版で顔料を転写するスタンプ染付、型紙で刷る方法も。版の滲みやゆがみも味わいに。

赤絵　色絵の中で、赤い色をメインにしたデザインのうつわ。赤の絵の具には主にベンガラ（酸化鉄）を用いる。

金彩・銀彩　本焼の後、金液や銀液で描いて焼きつける。金箔を貼り付け釉薬を掛ける釉裏金彩もある。

金襴手（きんらんで）　うつわを赤で塗り、その上に金一色で彩色。金糸の織物「金襴」を思わせる豪華さ。

色絵　本焼きした陶磁器の上から、上絵の具で描いて再び焼きつける。染付に色絵を重ねたものは、伊万里では錦手（にしきで）ともいう。呉須と色絵のコンビは染錦。

2 かたち

「料理の着物」といわれるうつわ。盛り付けに登場する多彩なかたちは、さながらうつわの着倒れコレクション。

菊
花をかたどったうつわの中では最もポピュラー。

輪花（りんか）
縁に花びらのラインをかたどっている。

扇
末広がりで縁起もいいかたち。

割山椒（わりざんしょう）
山椒の実がはぜたようなかたち。

陶板・まな板
陶板に足がつくとまな板皿。北大路魯山人が好んだ。

かえで
色が緑なら夏のうつわ、赤なら秋に。

百合
初夏の向付などに使われる。

3 装飾

目でも手ざわりでも楽しめる、うつわの表面のデコレーション。

掻き落とし
生乾きの素地に別の色の化粧土を掛けて、乾いたあと表面を削り落とし、レリーフ状の文様を描いたもの。

飛びカンナ
ロクロの回転でカンナの刃を規則的にはね上げて、うつわの表面に削り模様を描くもの。小鹿田焼の特徴。

刷毛目（はけめ）
うつわの素地に刷毛を使って白い化粧土を一気に塗り、その刷毛跡を素朴な文様として残す装飾。

鎬（しのぎ）
うつわの側面にヘラなどを当てて、素地にストライプ模様を削るもの。うつわを軽くする方法でもある。

イッチン
粘土と水をまぜた泥漿をスポイトに入れ絞り出して立体的な線の文様を描く。「筒描き」ともいう。

やきもの以外のうつわの世界

1 漆

漆器に「ジャパン」という別名があるように、日本が誇る繊細な塗りの技や蒔絵の美が見どころ。

溜め塗り

下塗りで朱漆を塗り、その上に褐色、半透明の透け（溜め）漆を塗る。飴色の下から朱が透けてシックな色合い。

根来塗り

朱の漆器が手擦れて下塗りの黒が露出したものが「根来」。「根来塗り」は、炭で研ぎ出し「ユーズド加工」したもの。

拭漆

生漆を木地に摺りこんで、和紙で余分な漆を拭いていくため、摺り漆とも呼ばれる。木目の美しさが生きる。

色漆

透け漆に顔料を使って色をつけたものが色漆。独楽文様には白、黄、緑などが用いられる。最近はモダンにブルーや紫の色漆も登場。

布目塗り

木地に麻布などを貼って、直接漆を塗り重ねて仕上げるもの。布目の細かな起伏の風情が茶人に愛好された。

蒔絵

上塗りした漆器の表面に漆で文様を描き、乾かないうちに金粉を蒔いて、さらに文様の部分を木炭で研ぎ出す。平蒔絵、高蒔絵、研ぎ出し蒔絵と技法も多彩。

2 木
年輪が描く木目・柾目のラインを美しく生かした木のうつわは、日本の伝統の技。

挽きもの
角に切った無垢材をロクロで挽いて成形する。木取りの向きで、現れる木目の模様が変化するのが見もの。

指しもの
釘を使わず、木材を指しあわせてつくる枡や桶。タガをはめて固定する桶指物は「たがもの」ともいう。

刳りもの
ブロック状の木材をのこぎりやノミで割ってつくる。ノミ跡を残して素朴に仕上げることが多い。

3 金属
艶消しのアンティーク風、表面加工でやきもの風。テクスチャーも多彩に。

錫
昔は、酒器といえば錫。やわらかい性質で加工しやすく、鎚目をつけるデザインも。

アルミ
軽く、さびない素材、アルミは加工もしやすく、クールな質感を楽しめる。

真鍮
金のような輝き。時間がたつとアンティークのような風合いも楽しめる金属。

銅
熱伝導がよく、うつわや調理器具の人気素材。青いサビ「緑青（ろくしょう）」は実は無害。

4 ガラス
色や厚さ、質感も多彩になってきて、夏だけでなく年中使えるうつわに。

型ガラス
（プレスガラス）
溶かしたガラスを型に流し込んで成形。カットガラスのような文様を型によって描く。

パート・ド・ヴェール
粘土などで型を作り、中に砕いた色ガラスに糊を混ぜたものを詰めて焼成する。

切子
（カットガラス）
グラインダーを使った彫り込み文様。日本には江戸時代に伝わり切子と呼ばれた。

吹きガラス
（宙吹き・型吹き）
溶かしたガラスをふくらませて成形する。宙吹きガラスと型吹きガラスがある。

よき使い手になるための、うつわの扱い方

1 使う前は、汚れ防止の下準備を

土ものは吸水性があるため、ものによってはシミになりやすい。米のとぎ汁を入れた湯につけ、ひと煮立ちさせると、汚れや匂いがつくのを防げます。特に焼締は水や油を吸いやすいので、使う前に水に濡らしておくとよいでしょう。

水に濡らした焼締(右)は匂いと汚れが付きにくく、見た目もしっとりとして美しい。

2 しまうときには保護も必要

繊細な急須の注ぎ口を保護するカバー。日本茶カフェ「御室さのわ」(MAP14 p.108)のオリジナル1,000円。

皿を重ねるときは薄い布かキッチンペーパーを挟んで。

やきものは乾燥した場所、漆器は適度な湿度のある場所で光を避けて保管を。重ねて収納する場合、磁器と陶器はなるべく重ねないように。重い陶器の下に、繊細な磁器を置くと、傷がついてしまうこともあります。金彩など擦れに弱い装飾のものは布か紙を挟んで。ガラスのコップは直接重ねて保管すると、くっついてしまうことがあります。

3 洗うときは、手でやさしく

蒔絵の漆器、金襴手などのうつわはスポンジで手洗いを。食器洗浄機の使用は厳禁。

金彩や繊細な絵付のものは、食器洗浄機を使わず表面の状態を確かめながら手洗いを。漆器は、漬け置き、硬いタワシの使用を避け、布巾かやわらかいスポンジで洗うこと。洗った後、水切りして、乾き切らないうちに布巾で手早く拭けば、水跡が残りません。

4 うつわを「育てる」楽しみ

日本のうつわの楽しみ方に、経年変化があります。萩焼の茶碗では、使ううちに貫入（釉薬のひび）に色がつき、次第に風格がついてゆく過程を「七化」と珍重します。白いうつわの内側からシミがでてきた状態は「雨漏り」と呼ばれます。経年変化でくすんでゆくか、輝きを増すか。うつわの持っている力と使う人の美意識が、それを決めるのです。

現代作家ものの急須が、使ううちにシミと貫入が味わいになってきた状態。

細かな貫入が入った麦藁手の片口。貫入がなかったら味わいも半減？

5 割れても直して、長く使いましょう

割れたり欠けたりしたうつわは「金継ぎ」「漆継ぎ」という方法で直すことができます。漆の粘着力で破片をつなぎ、そこに金粉を蒔くのが金継ぎ。骨董品では金で継いだ部分も味わいとなります。継いだうつわから醸し出されるえも言われぬ美しさ。「修理されて再生されている＝大切にされている」ことからにじみ出るもののオーラかもしれません。

金継ぎが味わいとなって、新品にはない風格が感じられます。

[うつわのお直しを頼める店]

繕いのうつわ 京都工房　MAP15 p.108
京都市上京区今出川通烏丸東入ル相国寺門前町637-5
☎075-744-0898
12:00〜19:00　土・日・月曜休（※完全予約制）
http://tsukuroi.exblog.jp
※3mmまでの欠け金継ぎ3,000円〜
※金継ぎ1日体験、金継ぎ教室も開催中

STOCKROOM　MAP1 p.103
京都市上京区西三本木通荒神口下ル上生洲町229-1
☎075-212-8295
12:00〜18:00　木曜休、不定休
www.stockroom-kyoto.com
※小さな欠け金継ぎ2,000円〜
※日本と北欧のヴィンテージ家具・雑貨店。うつわも充実

京都うつわさんぽエリア別マップ

MAP 1 京都御苑〜京都市役所前

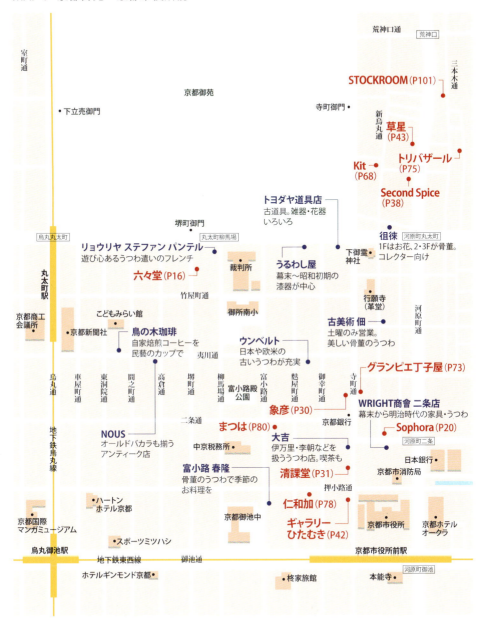

MAP 2　大徳寺

MAP 3　北大路駅

MAP 4　紫竹

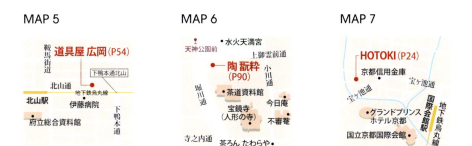
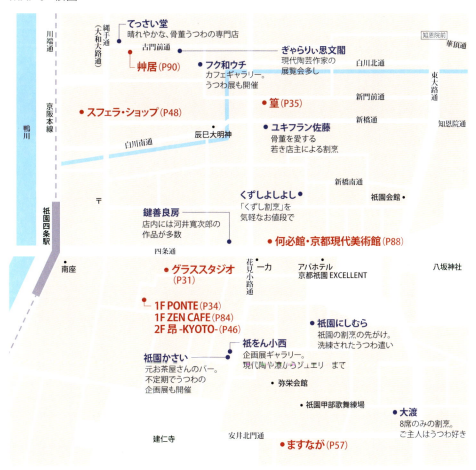

MAP 9 三条〜四条

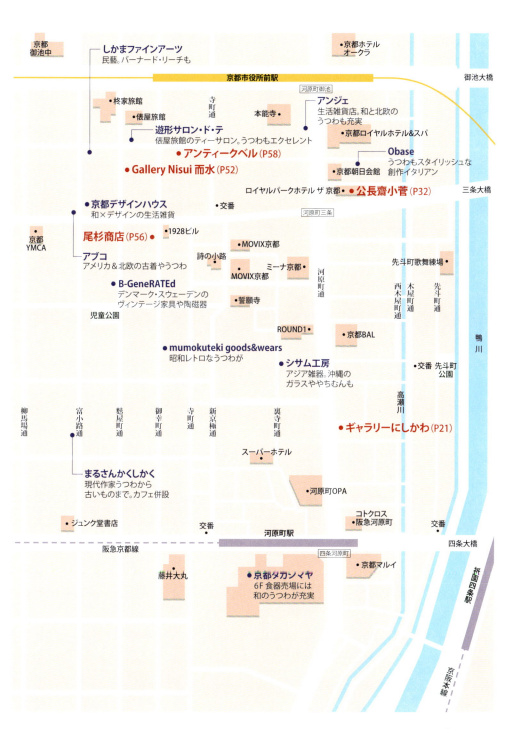

MAP 10　岡崎

MAP 11

MAP 12

MAP 13

MAP 14

MAP 15

MAP 16

MAP 17

MAP 18

MAP 19

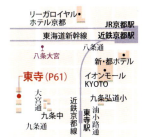

MAP 20 哲学の道

MAP 21 烏丸五条

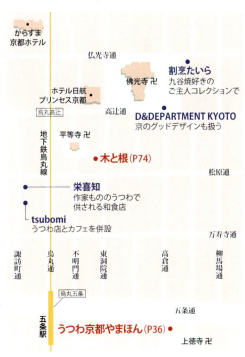

索引

[あ]

アンティークベル	058
＆noma	049
うつわ阿閑堂	026
うつわ京都やまほん	036
うつわや あ花音	018
尾杉商店	056
御室さのわ	100

[か]

何必館・京都現代美術館	088
河井寬次郎記念館	087
Kit	068
木と根	074
ギャラリー器館	022
ギャラリーにしかわ	021
Gallery Nisui 而水	052
ギャラリーひたむき	042
ギャラリーYDS	040
京竹籠 花こころ	013
京都・五条坂 陶器まつり	028
京都大アンティークフェア	061
京都陶磁器会館	029
銀意匠（木曽アルテック 京都）	033
草星	043
グラススタジオ	031
グランピエ丁子屋	073
昂－KYOTO－	046
公長齋小菅	032
弘法さん	061
高麗美術館	088
五条坂清水	028

[さ]

酒の器 Toyoda	044
SIONE	011
酒器 今宵堂	045
STOCKROOM	101
スフェラ・ショップ	048
清課堂	031
Second Spice	038
ZEN CAFE	084

岬居	090
象彦	030
Sophora	020

[た]

篁	035
ちせ	070
繕いのうつわ 京都工房	101
テノナル工藝百職	072
天神さん	061
陶 瓧粋	090
道具屋 広岡	054
東哉	029
陶磁器たきぐち	029
トリバザール	075

[な]

なちや	035
若王子倶楽部 左右	014
仁和加	078

[は]

二十日	060
HOTOKI	024
PONTE	034

[ま]

ますなが	057
まつは	080
三島	029
メメント モリ	082

[ら]

樂美術館	086
ロク	066
六々堂	016
ロバート・イエリンやきものギャラリー	089

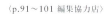

〈p.91〜101 編集協力店〉
アンティークベル、うつわ阿閑堂、うつわや あ花音、御室きのわ、Kit、ギャラリーひたむき、草星、暮らしのうつわ 花田、酒の器 Toyoda、スフェラ・ショップ、象彦、Sophora、祖徠、トリバザール、六々堂、和ごころ泉

沢田眉香子（さわだみかこ）

編集・著述業、1966年大阪生まれ。京阪神エルマガジン社「Lmagazine」編集長を経てフリー。京都を拠点に、コンテンポラリーアートから伝統工芸まで幅広い領域の芸術・文化を紹介する。著書に『京都うつわさんぽ(2010年版)』『京都こっとうさんぽ』（光村推古書院）、『京都 こっとうを買いに』（京阪神エルマガジン社）ほか。日本陶磁器協会会員。通訳案内士。

撮影：伊藤 信
編集：山口紀子
デザイン：清水ますみ（ニューカラー写真印刷）
地図制作：西田幸晴
写真提供：内藤貞保、有本真紀、西岡 潔
地図制作協力：宮本制作所

京都うつわさんぽ
2015年12月1日　初版1刷発行

著者　　沢田眉香子
発行者　浅野泰弘
発行所　光村推古書院株式会社
　　　　604-8257
　　　　京都市中京区堀川通三条下ル橋浦町217-2
　　　　TEL 075-251-2888　FAX 075-251-2881
　　　　www.mitsumura-suiko.co.jp
印刷　　ニューカラー写真印刷株式会社

© 2015 Mikako Sawada, printed in Japan
ISBN978-4-8381-0543-4

本書は『京都うつわさんぽ』(2010年)を大幅に改定したものです。
本書に掲載した写真・文書の無断転載・複写を禁じます。本書のコピー、スキャン、デジタル化等の無断複製は、著作権法上での例外を除き、禁じられています。本書を代行業者等の第三者に依頼してスキャンやデジタル化することは、たとえ個人や家庭内の利用であっても一切認められておりません。乱丁・落丁本はお取り替え致します。